JN065594

会计师以及首席财务官的综合手册

金児 昭・石田 正・青山隆治
馬場一徳・奥秋伸祐・野田美和子

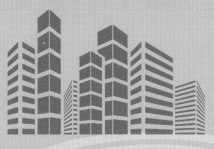

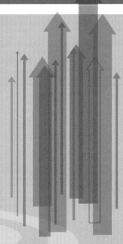

経済産業省
経理・財務人材育成事業

FASS
GLOBAL TEST
FASSグローバルテスト

税務経理協会　税務会計协会

Naoya sakamoto（CPA），Geraldine S. Batoon（CIA）iCube，Inc. 进行翻译并由 Masashi Jodai（USCPA）of Furukawa Electric Co. Ltd 古河电工电力器材株式会社与 Nifco Inc 日本利富高和其附属公司的四名成员，Tsutomu Mannari，John Dieker，Dou Binks and T. Jeerawat 进行审查。（从日文成英文）

税务会计协会。
〒1610033日本东京都新宿下落合2丁目－5－13
Tel ：81－3－3953－3301
Fax ：81－3－3565－3391
邮箱 info@zeikei.co.jp

本手册旨在关于内容中涵盖的所涉事宜提供准确和权威信息。它是以不从事提供法律，会计或其他专业服务的理解出售。如果需要专业意见或其他专家协助，应寻求专业合格人士提供服务。

ISBN 978－4－419－06658－1
在日本印刷

在发表英文版的日本"会计与财务"实务之际
－向离世的金児 昭先生，名冠日本的首席财务官的领头者致敬－

　　非常高兴获悉日本"会计与财务"实务将会进行中文翻译并出版。从初版以日文出版于2012年4月，已有7年时间。长期保持高利润的日本上市公司信越化学工业株式会社的首席财务官，已离世的金児 昭先生提出"给所有财务与会计专业人士的提供一本实用手册"的热切希望，这本书是于此呼应而诞生的。

　　由于这本书的本意是提供给日本公司会计和财务部的会计师所用，因此这是一本由注册会计师，注册税理师，以及具备丰富经验的首席财务官的专业人士，以实际应用角度而编写的实务指南。

　　在您可以寻找的多间日本的会计与财务以及跨越全世界的出版商，多数是为会计研究员或为准备注册会计师考试的备考和学术书籍。实际上，为实践者而编写的书籍是及其稀少的。

　　众所周知，会计标准趋同是一个国际趋势。因此，我们可以说用于会计与财务领域的概念与技术术语是世界各处，不论是用日文，英文或中文，都是相同的。

　　身为编辑，如果您通过这本书体会到会计与财务的世界里没有界限，并把这本中文版做为书桌好伙伴，有助于您的财务会计工作表现，将是我无上的欣喜。

2019年5月

石田　正，注册会计师（日本）与编辑

「『経理・財務』実務マニュアル」中国語版発刊にあたって
－日本のCFOの先導者であった故金児昭さんへ－

　今回，「『経理・財務』実務マニュアル」が中国語版で発刊されるのを大変に喜んでいます。2012年4月に初版が刊行されて7年が経過しました。

　もともとこの本は日本の上場企業で長い間，高収益を維持している信越化学工業株式会社のCFOであった故金児昭さんからの強い要望で，「すべての経理・財務パーソンに読んでいただける実務書」として刊行されました。

　発刊当初は日本企業の経理・財務部門に所属するAccountantsを対象に実務的な観点から書かれました。従って執筆者は税理士，公認会計士の資格を有するだけでなく，日々の実務を通して培った豊富な知識と事例を持ち合わせている人たちです。

　ご承知のとおり経理・財務の専門書は日本だけでなく世界各国で出版されています。但し，その多くは会計学の研究者を対象とした学術書であったり，公認会計士試験の受験参考書であったりして，真に実務家を対象にしたものは少ないのです。

　この本を手に取る皆さんはお分かりだと思いますが，「会計は最終的に一箇所に収斂する」という言葉があるとおり，経理・財務の分野は日本語であれ英語であれ，その考え方や使用する用語（Technical Terminology）に使う言語は違っても世界共通です。

　是非この中国語版を皆さんの机の上においていただき，企業のFinancial Accountantとして実務に役立てるだけでなく，「経理・財務の世界に国境はない」ことを確認して頂ければ編集者としてこれに勝る喜びはありません。

2019年5月

編者：石田　正　公認会計士（日本）

在将英文版翻译为中文版的《日本会计与财务实务》之际

　　这本英文版的手册出版于2017年7月，主要为了在日本跨国集团的附属公司工作的实践者所写。这份英文版本一直协助那些不仅学习全球金融与会计技能标准理论或知识测试，也包括金融与会计实际技能的学生。然而，半数以上的考生以华文进行考试。因此，我相信这些中文应用者正在等待这本华文版出版。

　　人生是如此的奇妙。张丽丽女士在20年前加入我前公司为实习生，而此后成为了我的至交好友的她在2017年为我介绍了她的朋友陈德强先生。他在寻找可以为他的学生提供实习机会的公司。我们的公司决定赞助这个实习计划。去年夏季，在一起登日本富士山时，我们一同提出了将英文版的手册翻译为华文版的构思，因为多数的新加坡人通晓中英文。我为我的一位重要的朋友，也是日本首席财务官协会的领袖，谷口宏先生，引荐了陈德强先生。他对我们的构思表示赞同，决定担任赞助者的职务并马上进行这个计划。担任审查员的陈德强先生选出他优秀学生之一，卓慧贤女士，委任为主要翻译员。

　　他的工作团队一直努力地完成这个困难的项目。由于这本手册的制作主要是为内地的应用者，张莉莉女士（骊住集团，MBA）以及唐好女士（Leverages，USCPA）担任了当地审查的重要职务。

　　缺少了任何一位人员或人脉，这个项目将无法实现。我想向为这个项目贡献的每一位成员表示我最真诚的谢意。我无法不提到日本的税务会计协会出版社（东京）的主席，这一位一直支持和引导我们正确方向的大坪先生。如果您或您的公司能在这本手册中找到价值并将其提高您组员在会计与金融的实践技能，将会是我们全组员的荣幸。

代表这个项目所有组员，2019年3月。
万成　力先生
执行官　及
北美区域首席财务官
Nifco Inc.日本利富高

「『経理・財務』実務マニュアル」の中国語への翻訳にあたって

　主に日本の多国籍企業の海外子会社の実務者向けに，英語版が2017年7月に発刊されました。この英語版は，理論や知識だけでなく経理・財務の実用的なスキルを測ることを目的としたGlobal FASSテスト受験のための勉強をする人達にとって大きな助けとなってきました。

　しかしながら，このテストを中国語で受験している方が，実に半数以上もいるのです。これら中国の実務者の皆様は，この中国語版を首を長くして待っていたことと思います。

　人生は不思議です。私の大切な友人である張莉莉さんが初めてインターンとして前職の会社に来たのが20年前。その彼女が2017年初めに，学生インターンの受入先企業を探していた，友人の陈徳强氏を紹介してくれ，弊社はインターン受入れを決定しました。

　昨年夏，一緒に富士登山をしながら，色々な話をしている中で，多くのシンガポール人は英語と中国語が達者なので，彼の学生が英語版を中国語に翻訳するというアイデアが出て来たのです。直ぐに彼を日本CFO協会専務理事の谷口宏氏に紹介したところ，谷口氏は我々の提案を喜んでくれ，この翻訳事業にスポンサーとして関わることを約束されたのです。Patrickは，直ぐに彼の大学の優秀な学生であるToh Hui Sianさんを翻訳者として選任し，彼はレビューを担当するというチームが誕生しました。

　彼らは，この困難な翻訳事業に全力で取り組んでくれました。また，中国本土の実務者に分かり易い表現となるよう，いずれも中国で生まれ育った，株式会社リクシルの張莉莉さんと，レバレージ株式会社の唐好さん（USCPA）が，完成した翻訳文の見直しをしてくれました。

　もし，これらの方々との繋がりが無ければ，この翻訳事業は実現しなかったと思います。改めて，この翻訳事業にご尽力頂いた皆様に感謝申し上げたいと存じます。あと，一方，忘れてはならないのが，我々の事業を支援し，正しい方向に導いて頂いた出版元である税務経理協会の大坪社長です。

　もし，皆様や皆様の会社の方々が，この中国語版に価値を見出して頂き，皆様のチームの経理・財務の実務者の専門スキル向上に寄与できるならば，我々にとって望外の喜びです。

　この中国語翻訳事業チームメンバーを代表しまして，2019年3月吉日。

萬成　力

株式会社ニフコ執行役員北米地域財務責任者

前　　言

金児　昭是一位名冠日本的财务与会计界的·领袖。1961年，他加入日本大型的化工产品公信越化学工业株式会社，在财务与会计机构的事业中取得丰富经验。在1992年，他升任为首席财务官，担任这个职位直到1999年，同时他也担任注册会计师审计审查会的一员（负责笔试和口试）以及日本金融监管局的顾问（专长于企业会计）等公职，作出了重大贡献。

此外，他出版的书籍超过100本，对财务与会计指示充满热忱的日本首席财务官，是一位真正的先驱者。在2013年的冬季，他过世时受到了广泛哀悼。

这本"会计与财务"实务的日文原版，是由金児昭为监督，以石田正（CPA）主编，由我们这个注册会计师和税务会计师的团队执笔而完成的。在编写并出版这本书的过程，我们拥有很多机会向金児昭先生讨教，他一直强调，"会计与财务机构必须坚持有道德和公正的实践，虽然可能会为此遭受别人的反感；同时，我们必须了解其他职能部门及工作人员，通过会计和财务给予支持并尽力带给大家快乐。"日本式会计和财务"（Keiri Zaimu）正是达到这些目标的方法。我们也强烈赞同这些心态和看法。

与首席财务官协会的执行董事谷口先生关系密切，并出版了金児昭先生的多本书籍的财务会计协会的当时的常务董事（现首席执行官）大坪克行先生，立志继承金児昭先生的遗志，把日本式会计和财务发扬到全世界。因此，经过努力的策划与编制，这本"会计与财务"实务的英文版于2017年成功出版了，中文版也即将开花结果了。

这本是为了说明日本会计与财务的管理系统，并协助那些在财务机构里，日本公司海外分支机构的工作人员实践工作的日常运作。在初版里　这本书被分为以下主要部分：

1．业务营运
2．会计要点
3．税务要点
4．内部控制

然而，第二和三节是特别只从日本的角度，所以并不包括在中文的版本里，编辑专注于 1．业务营运 和 4．内部控制。

这是因为虽然会计准则和税务规定是根据国家而定，甚至跨越很多国家业务营运和内部控制有很多相同点；因此，我们有信心通过分享"日本式会计和财务"的精华，可以达到分享日本最好的实践。

倘若没有 坂本 直弥（CPA），Geraldine S. Batoon（CIA），Masashi Jodai（USCPA）of 古河电气工业株式会社以及日本利富高（Nifco Inc.）与其的附属公司的四名成员为万成力，John Dieker, Doug Binks and T. Jeerawat 从凭借他们专业知识立场的努力与投入和贡献于中文翻译，本书不可能会有出版的机会。

为您对这个项目提供的援助，深表感谢。

2019作者
青山　隆治
馬場　一徳
奥秋　伸祐
野田美和子

会计和财务概论

目录

第一章　应收账款管理

销货不仅包括销售产品，也包括回收货款。公司回收货款后销售才算完成。公司按期回收货款是公司现金流量关键之一。在公司管理部门回收账款不到位的情况下，公司可能会面临资金不足的局面，最终导致公司运作受到影响。由于资金周转不灵，在最严重的状况之下，公司将没有足够的现金支付货物订单和费用。

在此章，我们将会探索和销售相关的应收账款管理实践中的问题。

流程

1. 信用管理到结算

信用管理 ▷ 合同（订单）▷ 编制销售会计分录 ▷ 开票 ▷ 结算

(1) 信用管理

作为一种风险管理流程，信用管理设定公司批准客户和顾客的准则。这份准则应该包括为每个客户设定信贷上限，并且依照当前情况进行定期评估和调整。公司应该根据定量（例如财务分析）和定性（例如拜访客户）两种因素进行判定。

A. 新客户

当公司与新客户开展业务时，管理层或信用管理部门应根据信用调查结果设定信用额度。

此类调查中应该以信用调查机构评估结果作为指导，了解客户的集团的组织架构（包括海外），以便在客户经营的每个国家评估信用风险（若没有母公司的担保或支持，子公司可能不值得信赖）。因此公司应该要求销售部门遵守并执行公司的信用管理制度。

设置客户总目录

管理层应根据批准的合同和批准的信用限额创建客户总目录。

信用额度应该根据授权标准决定。信用额度应以公司信用管理制度为依据并由管理层授权批准。

B．现有客户

公司管理层应当定期检阅现有客户的财务报表。从短期偿债能力（流动性）和长期偿债能力（偿付能力），决定适当信用限额以及分析客户债务支付习惯，管理层可以凭此审核客户。

【建立新的信用额度】

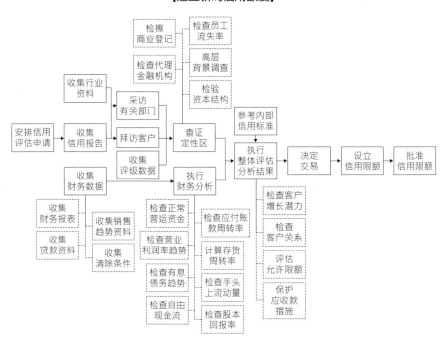

(a) 审核账簿

每月定期复核应收账款分类账及准备应收欠数分析报表以计算收回账款的可能性。如果账款超过付款期限时间太长，通常，账款无法收回的风险会相应增加。

(b) 定期查阅应收款余额

一般经常性交易，如果未能正确监控，则账款余额可能会超过批准的信用额度。客户一时的支付迟延，交易金额大幅增加或与同一客户的多个并行交易可能导致这种情况发生。因此，管理层必须建立一个框架，以便及时监控整个公司的应收账款余额。此外，定期比对应收账款余额和信贷限额也非常重要。当组织扩展得更大导致业务变得更复杂时，集团内的不同部门或不同公司可能为同一位客户分配不同的客户代码。

由集团内所有部门和公司共用统一标准客户代码，例如共享数据库，可以避免混淆。

(c)　查阅外部信息

公司必须定期进行信用调查，并注意外部信息，例如行业信息和口碑等。

关键词

信用调查：在签订销售合同之前，通过对客户的财务状况及其债务支付情况进行调查，了解和验证收款风险。通常，公司可以通过信用调查机构进行调查。但是，公司必须分析自己获得的信息（如财务报表），结合并征求分析师或其他方面意见，作出判断。

信用额度：是指允许客户进行交易的信用上限或最大销售额。

条款和条件：是指销售协议中规定的合同条件，如合同金额，交货日期，检验方法，付款方式，到期日等。

应收账款分类账：当与多位客户合作时为每个客户制作一个账簿（附属分类账）以便监管账户。这份账簿应该记载每一位客户的赊售和应收账款。

---

(2)　合同（订单）／客户采购订单

公司应确认现有客户的信用限额的状况。如果赊销额超过额度，公司应该重新检阅交易内容。合同条款与条件包括合同价格，交货日期，检验方式，付款方式，付款截止日期，保修负债等。其中合同价格是重要条款之一。公司必须详细检查客户发送的采购订单，以确定条款是否符合原始商定合同，以及是否包含任何不利于企业的条件。如果合同有任何不利于企业的条件，公司必须修改合同。

任何交易必须遵从法规。因此合同内容需要详细审查，以确保合规。如果条款或条件对公司有任何不利，公司应要求客户修改合同，如有需要公司也可以寻求法律意见。

(3)　编制销售会计分录

公司应参考遵循销售货物时的会计准则。国际财务报告准则，如果符合以下的五项标准，公司可编制销售会计分录。

(a) 商品所有主要风险和报酬从卖方转移给买方。
(b) 卖方既没有保留任何继续管理权，也没有对已售出的商品有任何控制权。
(c) 可以确定相关的收入金额。
(d) 相关可能的经济利益能流入主体。
(e) 可以确定相关的成本。

　　根据美国公认会计原则，根据销售产品或提供服务，收入确认如果符合以下的四个标准，公司可编制销售会计分录：
(a) 具备有说服力的证据表明交易安排存在；
(b) 商品已经交付或者服务已经提供；
(c) 卖方向买方的要价固定或可确定；
(d) 可以合理保证收回账款的可能性。
　　然而应该注意的是，收入标准目前正在根据国际财务报告准则和美国公认会计原则进行更新，因此该定义可能会在未来更改。

(4) 记账／开票

　　在确认货物已转移给客户后，公司将根据适当授权合同的约定条款要求付款。在某些国家，要求付款需要具有客户签名的交货凭证或签名交货收据。在这般情况下，公司需要订下收集交货凭证的规则，并将凭证附加到发票上以便收款。公司应该根据装货单或销售发票准备账单给客户。取决于客户的条款与条件，有两种记账／开票的方式：
１．单独的记账／开票－单独附有货物交付和交货收据。
２．合计记账／开票－以月度账户报表的形式对整个月的交易进行记账／开票。

(5) 结算／付款

　　公司必须确认收到款项，用相应的账单进行验证，然后处理结算。
　　收到付款后，相应的应收款／债务人应予以撤销（应用现金收据）。在发行具有相同金额的账单／发票时，公司必须仔细检查，通过将发票编号与发货单编号相匹配的方式来避免对账错误。

2．客户应收账款管理
(1) 客户应收账款

　　为了正确理解应收账款余额，公司应为每位客户准备应收账款分类账（应收账款明细分类账)。这也将用于信用管理。

　　管理层必须识别具有未偿还应收款的客户。他们必须向客户发送应收账款余额确认函，以检查／确认实际应收账款余额状态。之后，他们应该收集回复，整理信息并准备客户概要。

　　另外，由于应收账款管理的关键部分是收款，他们必须准备一份收款监控表，以检查收款状态，通常称为逾期应收账款报告。

【应收帐款的管理】

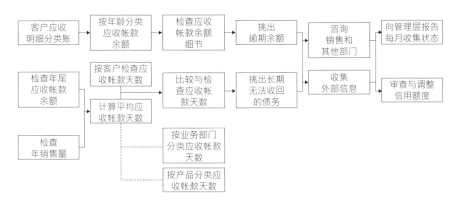

(2)　到期应收账款管理

　　为了解每位客户所涉及的信用风险，公司必须通过按结算／到期未清应收款项进行分类来调查未付应收款。这被称为"账龄"或"账龄分析法"。

　　公司必须在结算日确认未支付应收款的原因。长期未收回的应收款项应进行单独管理和监控。老化列表按未偿还的月数将未偿还的应收款余额分类。在早期阶段，管理层可以识别客户收款中的任何拖延和异常延迟。

(3)　处理逾期应收账款

　　如果有逾期应收账款，公司需要根据客户的现状决定应采取的行动。

- ·　与客户收款部门建立联系
- ·　通过电子邮件联系逾期债务的客户以确认债务
- ·　通过电话联系
- ·　如果问题在公司内部，请求销售部门／物流部门的支持
- ·　重复电子邮件／电话

- 正式通知
- 停止供货

如果还是没有收到付款，管理层应对交易量，结算情况和余额的重要性水平进行审查。他们应该考虑尽快终止合约，并将其发送给法律部门进行诉讼。但是，诉讼是万不得已的情况下进行的，审查时应考虑到客户在全球组织的规模，影响力和重要性。此外，诉讼费可能超过债务余额，因此可能不值得进行。

3．销售折扣和回扣

(1) 销售折扣和回扣的处理

管理层应参考商定的合同，并确保遵守公司的销售折让和回扣政策。

关键词

销售折让：指因卖出的产品的质量，规格不符合或有破损所给的折扣。
回扣：当购买超过指定数量或金额时，返还给客户的价款。
销售折扣：给那些提前支付货款的客户的折扣。

---

(2) 付款／支账通知单

这是一种可直接给客户支付销售折让和回扣的方法。公司应根据批准的销售折扣或回扣准备付款申请并处理付款。

会计要点

1．会计确认

应收账款应在销售交易后才能会计确认。销售交易分别有几种不同的方式。
公司应遵循公司所采用的会计准则。
销售会计确认的时间点可以如以下所述。

(a) 产品发货时

(b) 交付产品时

(c) 客户检查完成后

(d) 收款时

如果按离岸价发货点条款进行销售，卖方应在货物离开港口或装运码头时，将两者销售交易及相关费用记为货物成本。从那一刻起，销售交付在原则上成为了第三方托运人或买方的责任。

如果按离岸价目的地条款进行销售，卖方应在货物到达客户时将销售交易和相关费用记录销售的货物成本中。然而在货物到达客户所在地之前，交货仍然是卖方的责任。

实际操作上，许多公司按照离岸价发货点条款记录他们的销售交易。这让检验变得更轻松。如果货物到达客户手中时才记录，检验工作会变得更繁杂。

还有其他销售交易，如外包／寄售销售，分期付款销售等。

在跨越一个以上会计期间的长期建筑合同中，收入确认应采用完工百分比法为基础。倘若是长期合同，会计师必须依序一个基础来分摊多个会计期间的合同总收入。完工百分比为一种方法，基础而完整或完成合同是另一种方法。

2．评估

如果提供赊销，有可能会出现客户无法支付的情况。会计部门应将这些无法回收的应收账款记为坏账。

他们应估算可能出现的坏账金额，并在每个报告期末提取坏账准备金。借方列在坏账计提账户中，让费用出现在损益表中。贷方记录列在资产与负债表坏账备抵账户中。之后，当有发票明确可识别为坏账时，将从应收账款中移除，并通过借记减少准备金。如果客户稍后要支付发票，则会计将简单地冲账，以便将配额账户增加回原来的数目。另一种方法是直接核销方法，当识别出不会支付的特定发票时，确认坏账费用。根据这种方法，借记坏账费用也贷记入应收账款，没有使用到坏账准备金账户。这不是记录坏账的首选方法，因为它延迟了会计确认销售和任何相关的坏账费用（违反配比原则）。

3．日记分录

(1)　赊销

根据税收记录方式，以下是当赊销额为1,000日元加10%增值税时的日记账分录

（借）应　收　账　款　　　　1,100　　　　（贷）销　　　　售　　　　1,000

　　　　　　　　　　　　　　　　　　　　（贷）输　　出　　税　　　　100

(2)　收账

收账可以通过现金，支票或银行存款／转账进行收款。

收账的适当分录如下：

（借）现　　　　金　　　　×××　　　　（贷）应　收　账　款　　　　×××

公司可以通过提供折扣鼓励客户提前付款。若客户享用折扣，则款项将低于发票总额。折扣显示为利润减少如下：

（借）现 　　　　金　　×××　　（贷）应 收 账 款　　×××
（借）销 售 折 扣　　　×××

(3) 无法收回的应收账款

尽管经过销售部，会计部和法律部以及顾问的最大努力，还是不可避免有一些销售账户未能收回。确认无法收回的账户会记载为无法收回的账目或为"坏账"。

直接转销法

直接转销法是一种简单的方法来计算无法收回的账户。特定应收账款在最终确定为无法收回时从会计记录中删除。这种方法是只能在坏账是列为非重要性时采用。它也可以用于税收目的，基于税收规则一般规定使用直接转销法。

直接转销法的适当分录如下：

（借）坏 账 费 用　　　×××　　（贷）应 收 账 款　　×××

备抵法

公司必须使用备低法除非坏账是列为非重要性或由于税收规则一般的规定以使用直接转销法。

（i）会计期间结束

（借）坏 账 费 用　　1,000　　（贷）坏 账 备 抵　　1,000

（ii）当无法收回应收款收款数目是800

· 如果坏账备抵余额为1,000

（借）坏 账 备 抵　　　800　　（贷）应 收 账 款　　　800

· 如果坏账备抵余额为600

（借）坏 账 备 抵　　　600　　（贷）应 收 账 款　　　800
（借）坏 账 费 用　　　200

内部控制要点

1．信用管理

设置信用额度的部门，财务部门或收款部门，与销售部门彼此不可干预。这可防止为新客户任意设置信用限制以及为新客户和现有客户做出调整或改变已批准的信用额度的风险。这也确保公司实行既定政策。

2．联系方式（收取订单）

信贷管理员应制定监控工作表以确认客户可获得的信贷余额。因此可以确保赊销批准在设定限制范围内。客户主数据显示信用额度，应收账款明细分类账则显示未付账款余额。监控表数据应依据客户主数据和应收账款明细分类账。如果适用，最好为每个客户在电脑系统中设置信用额度以确保没有任何条目会超过限额。

3．销售的会计分录

负责人应确保销售交易的所有附加证明文件的金额一致，例如装运单和销售单。这可以防止因为错误的数量与单价导致错误的销售金额报告。

4．记账／开票

(i) 为了防止在账单／发票上的篡改，进行错误检测，一其他部门的员工（通常来自财务部门）负责开账单／发票，并与销售部门，收款和后勤部门彼此保持独立。该员工还需要负责验证应收账款明细分类账中确认账金额的准确性。这可以防止篡改并允许对开账单／发票进行错误检测。

(ii) 授权人员应在开具发票时审查和批准账单／发票。

(iii) 通过应收账款明细分类账与销售登记册做出对比，来检查已发出的账单／发票的完整性。

5．结算

负责人应确认应收账款余额明细和账簿核实存款明细，以确保没有遗漏或未记录的项目。因此，这可以防止在抵消时凭单的不完整的过账，例如贷项通知单。

6．客户应收账款管理

负责人应检查文件是否与应收账款分类账中的金额相符。这可以防止在明细分类账中记载不完整的销售数据，也将确保没有遗漏或未记录的交易。

7．处理拖欠的应收账款／可疑账户

公司通过调查能找出在规定时间内未收到的应收账款的原因。除了销售部门，例如会计或财务部门，应负责调查。该指定的部门应监督并跟进销售部门收款的进行状况。

8. 销售折让和回扣的处理

销售折扣和回扣并不涉及产品移动。这方面容易存有欺诈，因此值得格外小心处理。公司应参考以下内部控制点

(i) 销售负责人应完成相应的申请。之后，他应获得相应授权管理者的批准并进行结算。所有的相关证明文件应进行计算与交叉核对，如凭证和合同

(ii) 结算应通过银行转账或抵消法进行，而且应尽可能避免现金支付。

实践小贴士！

· 销售部门有增加销售额的强烈欲望。内部控制将阻止发生虚拟销售，例如通过对账单和发货单做出比对。

· 公司应保持警惕，直到收到应收款。例如逾期应收款报告之类的监测机制能使管理层能够及时了解未收回的应收款的状况。这也会减轻坏账风险。

· 关于呆滞账户的备抵，公司会计和税收部有不同的要求。在很多情况下，会计备抵是提前预留的。然而，对于税项，未确认的金额的税务影响将确认为递延所得税资产

参考题目

第一章

第一题

在信用管理阶段，公司必须通过为新客户与现有客户进行定量和定性分析以验证信誉。

对以下有效行为进行分类，在括弧中填写上(a)或(b)-(a)定量分析(b)定性分析。

( )　评估股价变动

( )　评估管理层和员工的稳定性。

( )　业务分析

( )　财务报表分析

( )　审查法定审计员编写的报告

( )　审查独立信用评级机构编写的报告

( )　审查外部信贷分析师编制的报告

( )　实地考察客户办公室，生产设施和仓库

( )　验证行业新闻和谣言，媒体评论和批评

第二题

以下哪项不适用于决定新客户的信用调查和信用额度？

( )　客户的产品生命周期

( )　调查客户是否有能力支付债券和贷款的利息或本金。

( )　调查客户是否有／没有母公司担保

( )　审查信用机构的报告确认客户是否有违约历史

( )　客户经营所在的国家和行业的风险

第三题

以下哪项适用于决定现有客户的信用调查和信用额度？

( )　分析客户过去的付款习惯

( )　定期审查客户最新的财务报表

( )　偷录客户的电话

( )　传播有关客户财务困难的谣言，以对其财务状况进行压力测试

( )　验证有关客户的行业信息和口碑

第四题

在签合同／采购订单阶段，公司必须检查合同的条款和条件，包括合同价格，交货日期，检验方法，付款方式，付款到期日，保修责任等。

√代表对，X代表错：

（　　）　在执行销售交易之前，公司必须确保监管合规并对合同条款和条件表示满意

（　　）　公司应重新协商任何不可接受和／或不利的条款和条件

（　　）　由于审查合同条款和条件的法律费用很贵，为了不增加总体执行成本应避免聘请律师。

第五题

在哪个阶段，公司必须确保遵守最新的收入认列会计准则，包括国际财务报告准则，美国通用会计准则或其他会计准则（按情况而定）？

（　　）　在信用管理阶段

（　　）　在合同／客户采购订单阶段

（　　）　在过账销售阶段

（　　）　在开票／发票阶段

（　　）　在结算／支付阶段

第六题

在应收账款管理流程中，应将以下哪项作为万不得已的情况下采取的行动？

（　　）　对逾期付款进行罚款

（　　）　将销售部的绩效奖金与赊销和坏账的可收回性联系起来。

（　　）　聘请专业债务催收公司以成功为前提的条件追讨债务。

（　　）　考虑终止与逾期客户的销售协议。

（　　）　对逾期未付款的客户提出诉讼追讨债务。

第二章 应付账款管理

应付账款是指企业应该支付给提供货物，原材料，及服务的供应商的账款，通过支付金额结算。在此章，我们将探讨有关采购实物商品和提供服务的应付款管理的主题，包括贸易和非贸易应付款。费用支付款将在费用管理的章节商讨。

流程

1．供应商管理

(1) 选择供应商

采购业务的目的是建立一个由可靠供应商提供的系统，以保障能够以合理的价格，适当的数量，在任何指定的交付期内，按特定标准购买产品，并且获得稳定和持续的供应。

因此，选择和注册经批准的供应商是非常重要的。在选择这些供应商时，保持最新信息，包括通过财务报表，定期信用调查和客户评论获得的任何信息以及任何行业信息也很重要。

A．新供应商

在公司与新供应商开展业务之前，公司应制定供应商选择政策。供应商选择政策可用于确定能否信赖供应商交付货物和服务的可靠性。公司应制定购买条款和条件的标准，也包括付款条件，该条件应该提前通知供应商公司。采购部门应该负责执行供应商选择的政策，并确保供应商同意并签署公司的标准条款和条件（标准条款和条件应该有法务部门审阅，以确保完整性和有效性）。

采购部应确保遵循供应商选择流程，并确保供应商签署公司的标准条款和条件。（这些条款和条件应由您的法律顾问检查完整性和有效性）

(a) 选择供应商

从多个供应商处获取报价，审查价格包括条款和条件，并选择合适的价格。选择供应商的标准不仅应基于价格，还应基于其他因素，例如：

1）售后服务保修和

2）备件供应。

(b) 建立批准供应商名单

从供应商处收集以下信息：

(1) 公司存在的证据（例如登记和法定报告）；

(2) 财务信息（例如财务报表和所得税申报表）；

(3) 口碑；

(4) 供应商信用相关的其他信息。

(5) 信用调查机构的报告

根据由管理层或相关机构审批的已认可供应商，设置经批准的供应商列表。这应该依据经批准的合同完成。将收集的文档归档为已批准供应商列表的辅助资料。在理想的状况下，应让供应商签署服务水平合同或条款和条件。因此，最佳做法是根据公司内部的支付政策依照符合标准条款和条件的授权标准付款。

B．现有供应商

对于现有供应商，应对供应商的财务报表进行定期审查，以确定其流动性（短期支付能力）和偿付能力（长期支付能力）。服务水平协议也应该定期审查。它应该考虑质量，交货时间，成本和售后服务。

2．采购合同

在从供应商处获得服务或采购货物之前，公司需要签订签署的合同。合同应包含基本条款和条件。特别是应包括：

1）交易目的；

2）合同期；

3）交货时间和条款；

4）付款条件；

5）检验方法；

6）质量保证；

7）管理层拟使用的其他条款；

8）保修；

9）保险；

10）保密协议。

在签订合同时，公司应考虑到是否遵守适用于各自国家的现行法律法规，以确保合同的有效性和可执行性.

3．采购

有以下几种采购确认标准：

(1) 验收标准／货物接收

验收标准／货物接收是一种在实际收到货物时记录货物购买的方法。在收到货物时，准备标准表格来与采购相关部门沟通并保持其内部控制是很重要的。创建或获取文件如交货收据和账单／发票。公司需要确认创建或获取文件的日期。这些文件应按日期或按供应商分类。采购相关部门还必须根据采购订单和其他相关文件的副本检查这些文件。

在采购分类账簿中，公司需要对比检查交货收据，采购订单和发票来确认付款金额是否正确。

(2) 检验标准

检验标准是在检验和接受货物时记录采购的方法。检验标准是在确认货物没有缺陷或错误的规格商品后记录采购的一种方式。这种方法是应付账款管理最可靠以及最常用的方法。

如(1)验收标准所述，准备标准表格并保持有组织的备案是有必要的。应创建或获得以下文件：

(i) 检查报告－检查过程应使用带有序号的接收报告。检测报告的副本应发送给有关部门。

(ii) 接收报告－本报告中应指出数量不足和质量差的情况，并将报告副本分发给每个相关的部门。

(iii) 交货收据和发票

相关的部门应该用这些文件和采购订单的副本，检验报告的副本做出对比。

(iv) 退货单和退货收据

供应商的授权代表应签署退货收据作为退货的证明。这两份文件都必须被分发给相关部门，以便检查数量，单价和其他的细节。

4．监控和结算／支付

(1) 到期的应付账款管理

对于应付账款被记录在采购会计确认时或支付方式取决于公司与个别的供应商的协议（签署的条款和条件）。

因此，有必要用到期日方式管理好未付应付款。为此，公司需要设计一个付款时间表，付款时间表应该包括截止日期，以确定付款的时间以及对象。付款时间表使公司能够防止延迟付款，重付款和未付款。采用这种有效的现金管理计划是非常重要的。应付账款的账龄应与付款时间表合并，以监控是否有任何未在预定结算条件下支付的款项，以及过很长一段时间还未能结账的应付账款。

(2) 结算

结算应按以下程序进行：

(i) 确认发票的详细信息和应付款的会计确认：发票应经过验证并与采购订单和交货收据比对来决定资料是否吻合。应检查采购订单以确认是否有销售发票未反映折扣的情况。在理想情况之下，应考虑以下细节：1）货品描述；2）数量；3）单价；4）折扣计算。确认后，公司根据账单／发票的详细信息记录应付款。

(ii) 付款申请：公司对每位供应商的付款条款进行确认并准备付款申请。这将是准备支票或直接银行转账的根据。

(iii) 付款执行：公司依据付款申请向每个供应商执行付款。

(iv) 应付清算：付款执行后，公司应将其付款记录在供应商的明细分类账。然后通过发送支付通知书确认来通知已付款。

(3) 供应商应付款管理

供应商的明细分类账能让公司管理个人应付款并帮助识别问题，例如付款延迟，双重付款和取消交易。由于总账记录只显示供应商应付的总额，所以必须在此记录中记载对每位供应商的所有付款。

5．采购退货和折让／进货折扣

(1) 采购退货和折让／进货折扣的处理

关于采购退货和折让／采购进货折扣，请参阅合同和公司的政策并确保一切符合规定。

郵 便 は が き

料金受取人払郵便

落合局承認

4248

差出有効期限
2021年1月31日
（期限後は切手を
おはりください）

161－8780

東京都新宿区下落合2-5-13

㈱ 税務経理協会

社長室行

‖‖‖

お名前	フリガナ		性別	男 ・ 女
			年齢	歳

ご住所	□□□-□□□□　TEL　（　　）

E-mail	

ご職業	1. 会社経営者・役員　2. 会社員　3. 教員　4. 公務員 5. 自営業　6. 自由業　7. 学生　8. 主婦　9. 無職 10. 公認会計士　11. 税理士　12. 行政書士　13. 弁護士 14. 社労士　15. その他（　　　　　　　　　　　　）

ご勤務先・学校名	

部署		役職	

ご記入の感想等は，匿名で書籍のＰＲ等に使用させていただくことがございます。
使用許可をいただけない場合は，右の□内にレをご記入ください。　　　　□許可しない

ご購入ありがとうございました。ぜひ、ご意見・ご感想などをお聞かせください。
また、正誤表やリコール情報等をお送りさせて頂く場合もございますので、
E-mail アドレスとご購入書名をご記入ください。

この本の タイトル	

Q1　お買い上げ日　　　　年　　　月　　　日
　　　| ご購入
方法 |　1．書店・ネット書店で購入（書店名　　　　　　　　　）
　　　　　　　　　　　2．当社から直接購入　　3．その他（　　　　　　　　）

Q2　本書のご購入になった動機はなんですか？（複数回答可）
　　　1．タイトルにひかれたから　　　2．内容にひかれたから
　　　3．店頭で目立っていたから　　　4．著者のファンだから
　　　5．新聞・雑誌で紹介されていたから（誌名　　　　　　　　　　）
　　　6．人から薦められたから　　7．その他（　　　　　　　　　　）

Q3　本書をお読み頂いてのご意見・ご感想をお聞かせください。

Q4　ご興味のある分野をお聞かせください。
　　　1．税務　　　　　　2．会計・経理　　　　3．経営・マーケティング
　　　4．経済・金融　　　5．株式・資産運用　　6．法律・法務
　　　7．情報・コンピュータ　　8．その他（　　　　　　　　　　　　）

Q5　カバーやデザイン、値段についてお聞かせください
　　　①タイトル　　　　　　　1良い　　2目立つ　　3普通　　4悪い
　　　②カバーデザイン　　　　1良い　　2目立つ　　3普通　　4悪い
　　　③本文レイアウト　　　　1良い　　2目立つ　　3普通　　4悪い
　　　④値段　　　　　　　　　1安い　　2普通　　　3高い

Q6　今後、どのようなテーマ・内容の本をお読みになりたいですか？

关键词

采购退货和折让：指由于数量不足，质量差或采购商品损坏而从发票金额中扣除的金额。

进货回扣：指当公司在一段时间内有大笔的或大额的采购交易而从供应商收取的发票金额里的退款金额。它一般被称之为回扣。

进货折扣：指公司交易后在限定的购买交易时间内付款而减少付款金额。它一般被称之为折扣。

(2) 结算

公司确认已执行付款申请并已付款。

(3) 正式收据

公司确认详细信息审批并向供应商发送正式收据。

会计要点

1. 会计确认

如应收账款循环，问题会出现在采购交易的时间点。这个问题在货物进口时比较严重。若采购是离岸价发货点条款进行，一切有关的风险与报酬在装运时将转移给了买方。从发货离开供应商仓库或港口或装运码头的那一刻，买家应该记录采购交易和相关费用为货物成本。从那一刻起，交付成本在原则上是买方的责任。

若采购是离岸价目的地条款进行，风险和报酬将在收取货物时转移给买方。当货物到达买方时，卖方应该记录这些交易。这是基于交货责任仍然属于卖方，一直到它到达预定目的地。从买方的角度来看，当货物到达时，购买交易才算确认。

从实际运营的角度来看，基于方便验证，许多公司记录购买交易为离岸价目的地条款进行。当货物离开其装运码头时才进行记录交易需要花费更多的工作来验证，并且通常在每个期间结束时进行调整购买交易（如果有的话）。然而，如果公司确实在此时取得货物的所有权，则验证对于保险用意而言非常重要。

当在目的地记录购买时，仍有如下三种不同的时间点：

会计确认政策	确认时间点
接收基准	当货物抵达时
验收基准	当货物验收与收货时
消费基准	当买家使用货物。只有部分货物接收在货仓并用在运作上会被确认为采购

当货物到达并且在操作中实际消费时，任何会计确认政策都可以由公司内部采用，但是应该始终如一，但是最为安全的政策是接收基础。

2．采购成本

库存的采购成本包括货物价格，进口关税和其他税收（随后可从税务机关收回的税款除外），运费，手续费和其他直接归属于购置成品，材料和服务的费用。在确认采购成本时应扣除贸易折扣，回扣和其他类似项目。

您可以按递延结算条款购买库存。在一些情况下，实际上已包含未说明的融资要素，例如，正常信用条款的购买价格与递延结算金额之间的差额。在这种情况下，差额在融资期间应确认为利息费用。

3．特殊采购类型

(1) 直发

与其将货物交付给您，您可以要求供应商直接将货物运送给您的客户。这种类型的装运称之为转运配送或直接代发货。您将根据交货收据记录您的采购。（承运人和／或客户应向您提供交付凭证）。

(2) 在供应商仓库采购

公司可以安排在供应商的仓库购买货物。采购可以根据供应商发的交货单做记录。

由于没有移动到任何货物，可能没经过检查。所涉及的风险是货物的所有权可能会不明确。

您应该检查货物的库存控制，交易的必要性，条款和条件，以及任何证明文件，例如采购订单和仓库账单，以避免此类涉及的任何欺诈或管理不善的情况发生。

(3) 在未确定价格的情况下进行采购

在买卖中的某些情况下，有些商品的成本会在货物交付后才能确定。例如，货物的所有权在运输点转移给买方，但成本是根据目的地所定的市场价格的百分比而定。

理想方法则是以估计的商品成本记录采购，并在过后调整差价以避免确认的时间点相关的会计造假。

4．日记簿分录

(1) 信贷采购

当100元的商品加10％增值税出售时：

记账分录取决于税款的记录方式如下：

1．包含销售税

（借）采　　　　购　　　　110　　　（贷）应付账款－交易　　　110

2．不含销售税

（借）采　　　　购　　　　100　　　（贷）应付账款－交易　　　110

（借）进　项　税　　　　　10

(2) 付款

付款可以通过现金，支票或通过银行付款。收款的适当分录如下：

（借）应付账款－交易　　　×××　　　（贷）现　　　　金　　　×××

如果供应商提供折扣，买方应该借机利用，因为所需的付款将低于总发票价格。

应付账款经过折扣后显示如下：

（借）应付账款－交易　　　×××　　　（贷）现　　　　金　　　×××

　　　　　　　　　　　　　　　　　　（贷）进　货　折　扣　　　×××

内部控制要点

1．检查

为了内部控制，检查必须由另一个不参与准备采购订单的人进行。此外，有必要核对收货凭证，例如交货单与合同或采购订单，并确认收货的详细信息与采购订单是一致的。

2．结算（职责分离）

付款处理必须由购买负责人以外的人进行。通过将执行付款的人员的责任与负责批准付款的人员的职责分开来维持内部检查流程是非常重要的。此外，为了防止收款人和付款金额里存有错误，公司需要核对付款申请表和账单／发票。付款后，付款人员应采取额外的防范措施，以在凭证和证明文件上加盖"已付款"以避免双重付款。

3．应付款余额管理（通过对账）

公司应定期从供应商取得结账单，会计部门通过对账确认应付给供应商的未付款项情况。通过确认，对采购部门进行内部检查。由于通常异常结余是因采购部门，检验部门，会计部门和其他部门之间的沟通错误而引起，公司有必要有效地管理每个部门。

4．对未清应付账款进行调查

对于未偿还的应付账款进行调查是非常重要的，就如应收账款的账龄一样，必须找出原因。通常，常见错误（包括簿记错误）被认为是原因，但在最坏的情况下，也可能是由于虚假采购。

👉 **实践小贴士！**

· 确认未付应付款是非常重要的，因为它可能会影响现金管理。公司应定期确认未付应付款。

· 对未付应付款进行详细调查。如果没有找到原因，请勿将其记录为杂项费用或杂务费用。

参考题目

第二章

第一题

采购只能在所有权的风险和回报从卖方转移到买方时在会计账簿中确认。

√代表对，X代表错：

（　　）如果采购价格是在离岸装运点，则所有拥有权的风险和回报在买方收到货物时从卖方转移给买方。换另一种说法，当买方收到货物时，卖方可以识别销售，而买方可以识别采购。

（　　）如果采购价格是在离岸价格目的地下进行的，则所有拥有权的风险和回报在装运时从卖方转移给买方。换另一种说法，卖方可以识别出货点处为销售，而买方可以识别出货点处为采购。

（　　）购买库存的成本确认的金额是由采购价格，进口关税和其他税收（实体可从税务机关追回的除外），运费，手续费和其他有关直接归属于购置成品，材料和服务费用构成。在确定采购成本时扣除贸易折扣，回扣和其他类似物品。

（　　）如果采购采用递延结算条款，则该安排实际上已包含未说明的融资要素。因此，正常信贷期的价格与递延结算金额之间的差额应在融资期间确认为利息支出。

第二题

应付账款管理流程中的以下哪些职责分离可以减少欺诈和错误？

√代表对，X代表错：

（　　）采购部门与检验部门之间的职责分离，以便后者独立地与批准的采购订单交叉核对货物和服务的实际收货，以防止欺诈和错误。

（　　）采购商品与提供服务以及负责批准付款的人员必须职责分离，这样任何人都无需负责应付账款管理流程中的两个连续步骤。

（　　）采购部门和财务部门之间的职责分离，以便后者检测任何虚构的购买，短缺和交付瑕疵。

（　　）内部／外部审计师的独立审查以及对货物和服务交付的突击检查，库存抽查和内部员工与供应商之间关系的道德检查。

第三章　存货管理

存货资产是指企业为了向客户销售而持有的外购品，产成品，在制品，已购的部件和原材料。适当的存货管理是经营管理的主要挑战之一。存货不足可能导致销售机会缺失和客户流失，缺货，无法制造和交付货物给客户。另一方面，持有过多存货可能导致存货周转缓慢，过时，并可能以影响现金流量的存储成本的形式增加更多的财务负担。很多时候，大部分的公司资本可能会被积压在存货中，从而使公司资金流动性降低。近年来，存货管理不仅是企业面临的挑战，也是供应链管理从采购到生产再到销售的挑战。因此，是否能到达拥有最佳数量的存货对于任何业务来说都是一个持续存在的问题。在此章，我们将会探讨良好实践存货管理的相关主题。

流程

1. 余额管理

(1) 余额管理

公司必须定期执行实地盘存（通常称为存货／库存盘点）并检查实际存储库存数量和记录的余额是否一致。如果存在任何差异，公司必须调查差异的原因并在会计记录中做出必要的调整。

> **关键词**
>
> **实地盘存**：这是在每个会计年度结束时实际检查和计算（数量，重量等）存货资产的程序。这是确定销售成本的重要程序，同时它有助于发现有缺陷，周转缓慢和过时的商品以及识别存货减记。

(2) 实地盘存制的目的

实地盘存是实现以下目标所需的过程

(i) 从财务会计的角度来看，这是为了对损益进行适当的定期核算，也是为了了解确切的销售成本的一个必要方式。

(ii) 通过进行实地盘存，它允许公司了解实体，功能和经济上过时的存货，比如退货，损坏物品和其他有问题的物品。公司能从中发现采购，订购和其他程序上哪方面缺乏效率，这可能会改善其业务运营及管理。

(3) 不一致的可能来源

实地库存与会计记录中登记的库存之间存在的差异来源可能是由于以下原因。

【不一致的可能来源】

实际存货 ⇐══ 之间存有差异 ══⇒ 会计记录中登记的存货

起因

1) 实际库存中的错误（例如，存储/仓库在发行单或收货单期间继续发布或接收货物时的错误率会增加，尤其对于移动和大批量货物）
2) 库存标签制作表中的错误（库存统计卡（Bin Card）/库存索引卡）作为度量
3) 实际发布中的错误或用作计量的单位（例如，以米为单位计算收货单而记录为升）
4) 错误计算单据/发放库存/存货转移单（转移装箱单）
5) 存储中存货的损坏，丢失，偷窃，收缩和盗窃
6) 转移到其他货物等

1) 货物发行单或收货单编码计数错误（例如双重输入，不完整输入，输入错误等）
2) 丢失货物发行单或收货单
3) 销售或转让处理不完整
4) 样本和处置报告不完整
5) 账本计算错误或错误列表

关键词

库存标签（库存统计卡／库存索引卡）：在库存计数时，仓库员将库存标签附加到每个货品以准备库存。在库存标签上，将有一个空间来填写零件号，零件描述，单位和数量，存货检查员名称和审核员名称等信息。当在填写表格时，仓库工作人员应该⑴使用圆珠笔和⑵如果输入有错误，则不更正错误并在标签上标记"Ｘ"。然后仓库员工将在库存标签控制表上记录错误。此程序可防止员工进行任何不正当或非法的数量处理。库存标签必须按顺序排列。

23

【实地库存验证的流程】

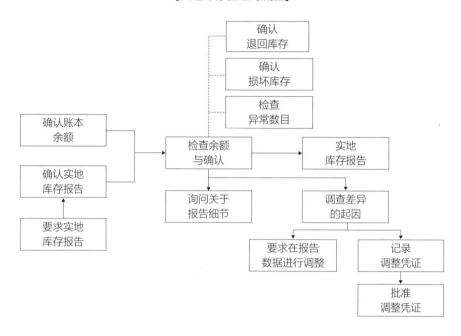

2．库存管理／存货接收与发放库存

库存／存货接收过程是检查和记录进货的程序，而发放库存／存货过程是检查和记录出货的程序。

(1) 库存管理／存货接收与发放库存

通过了解进货（采购）或出货（销售）的内容，能妥善管理库存资产的数量和价值。确定数量后，公司根据公司采用的评估方法指定的单位成本对库存进行评估。

管理库存／存货接收和存货发放流程是进行准确库存管理的第一步。以下是适当管理的益处：

(i) 了解库存余额的准确性

(ii) 维持适当的库存数量

(iii) 进行顺畅的采购和出货活动

Ａ．金额的计算

库存的金额通常由永续盘存系统或定期盘存系统来记载。

永续盘存制	此方法中，记录每个项目的接收／发放和余额。因此，确保库存系统记载余额。通过定期检查库存计数和实际库存，差异能验证会计账簿。库存／存货分类账使公司能够妥善管理存货。 **计算公式：** 上期结转余额＋本期采购数量－净存货发放＝本期实地存货
定期盘存制	在此方法中，库存不会在期限内记录。相反的，库存计数是在会计结算期进行。相对于永续盘存制，这方法需要的工作量更少。然而，如果期末出现存货损耗，损耗将包含已发行数量中。因此，这方法并非能构成库存管理的有效方式。 **计算公式：** 上期结账余额＋本期采购数量－存货计算数量＝本期发放的存货

Ｂ．单位价的计算

请参考第三十二页会计要点３．库存计量。

⑵　验证库存／存货发放和库存接收

公司需要验证库存／存货发放和库存／存货接收过程是否符合内部标准和公司政策。公司应调查与相关部门的任何差异，报告差异结果，并相应地进行适当的调整。

【库存／存货发放和库存／存货接收流程表】

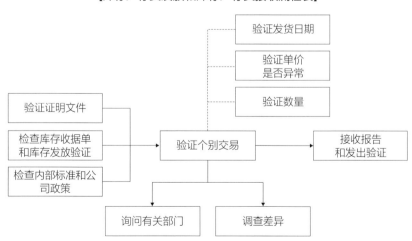

3．维持适当存货水平

维持适当的库存水平是指用最低成本，例如存储成本，同时既不会导致库存短缺，也不会导致库存过剩。为了保持适当的库存量，有必要通过控制数量和货龄（库存周期）来执行库存管理。

(1) 设置适当的库存水平
A．设置最低库存水平

库存缓冲／存货：这是依据库存量决定库存的数量目标的一种方式，以避免由于缺乏商品或库存／存货（取决于部件和供应链交货期）妨碍销售和生产部的运作。即使出现增加订单或出现瑕疵品的状况，依然能够确保有足够的存货。当公司设定安全存货周转率时，参考运货期与销售计划是非常重要的。

B．库存费用

当计算安全存货数量，存储费，保险费，运货，因库存过时造成的损失和行政费都应该列入考量之中。

(2) 验证适当库存
A．数量

检查预先设定的标准库存／采购订单数量和实际库存数量以确定差异。联系相关部门，调查差异原因并执行对策。

B．货龄

除了数量方面，库存管理的一个方面是货龄（库存周期）。如果数量符合标准，但库存没有移动，质量可能会变质（特别是易逝性物品）并成为过期库存／存货。

在实际操作中，将预定的库存（期间）参考存货有效期与库存的实际货龄做出对比，并确认是否有任何过剩的存货之后，有必要调查过剩的原因。然后，制定对策并实施。

C．设定库存货龄标准的方法

公司需要考虑行业和业务类别以及环境和季节变化。然后，设置管理从采购点开始计时。例如，如果从采购订单到交货的期间很短，则可以缩短库存货龄。如果期限较长且不受季节性变化的影响，则可以将较长的期间设置为标准。

> **关键词**
>
> **库存周转率**：用于检查是否发生过量或周转缓慢库存的指标。通过分析产品库存周转率可以了解产品是优等还是劣质。库存周转率越高代表销售额越高以及生产效率高。这意味着产品销售良好。
>
> **公式**：
>
> 库存周转率＝库存使用金额÷库存金额
>
> 在主要业务为交易或分销的公司中，还有必要在全公司范围内管理周转率。
>
> **公式**：
>
> 库存周转率＝销售额÷平均库存(则是(期初库存数量金额＋期末库存金额)÷2))
>
> 此外，还可以通过将库存周转率替换为天数来获得周转缓慢库存的天数。
>
> **公式**：
>
> 库存周转期(天数)＝365÷库存周转率

会计要点

1．存货范围

国际财务报告准则将存货定义如下：

(a)　在日常业务过程中持有待售的资产

(b)　资产用于生产销售商品的过程（在制品）；或

(c)　在生产过程或提供服务时消耗的材料或供应形式的资产。

美国公认会计原则将库存定义如下：

(a)　在日常业务过程中持有待售的资产

(b)　用于生产销售商品的过程品（在制品）；或

(c)　目前在生产可供出售的商品或服务时消耗的资产

库存管理根据公司的业务类型，存货可能包括以下内容：

(a)　根据建筑合同产生的在建工程，包括直接相关的服务合同（参考第 1 节应收账

款）或作为生产过程的一部分

(b)　金融工具；

(c)　农业活动和在收割的农产品有关的生物资产。请注意，从会计角度来看，这类型需要根据国家税法特殊的方式处理。

2．存货成本

存货成本应包括所有采购成本，转换成本以及使存货到达目前地点和状态所涉及的其他成本。

A．购买成本

购买库存的成本包括购买价格，进口税和其他税收（该实体随后可从税务机关收回的税收除外），以及直接归因于此的运输，处理和有关于购买成品，材料和服务的其他费用。在确定购买成本时，应扣除贸易折扣和其他类似项目。

B．转换成本

存货转换成本包括与生产单位直接相关的成本，如直接涉及人工和设备的成本。它们还包括将材料转换为成品所产生的固定和变动间接制造成本的系统分配。

C．其他成本

应仅将使存货到达目前地点和状态相关的成本计入其他存货成本中。

不包括在存货成本中的费用例子：

a．异常数量的废料（超过标准），人工或其他生产费用；

b．储存费用，在生产过程中或进一步生产阶段之前必须花费的费用除外

c．无助于使库存达到目前地点和状态的行政管理费用；

d．销售费用。

3．存货成本计价

存货可以使用先入先出方法，或加权平均法等，需根据会计准则。在国际财务报告准则中，这些方法适用于具有类似性质的库存，然而美国公认会计原则与国际财务报告准则不同。在美国公认会计原则中，不需要采用相同的存货成本计价方法。

对于具有不同性质或用途的库存，不同的成本公式经允许也可使用。但是，国际财务报告准则不允许采用后进先出方法。

您应通过使用个别认定法来衡量通常不可交换的项目的库存成本以及为特定项目生产和隔离的商品或服务的成本。

在每个报告期末，如按国际财务报告准则，存货成本以成本和可变现净值（估计销售价格减去完成和销售成本）中的较低者计量，如按美国公认会计原则，将以计算成本或市场价的较低者计量。

您可以使用以下方法来衡量成本：

成本计价法	描述
个别认定法	单独识别库存项目成本。这是为特定项目搁置的物品的适当处理方式，无论是否已经购买或生产。
加权平均法	每个项目的成本是根据期初类似项目的成本加权平均值和期间购买或生产的类似项目的成本而确定的。
先入先出法	先入先出公式假设首先购买或生产的库存物品首先出售，因此期末库存中剩余的物品是最新购买或生产的物品。
后进先出法	在会计期间结束时使用最近的购买价格来测量库存成本。 如果使用后进先出法算出的库存物品价接近成本的话这方式是允许的。根据国际财务报告准则，此方法是不可许的。
零售价格法	使用销售价减掉毛利。
标准成本法	使用标准成本确定和定期通过正常水平的材料，供应，劳动力，效率和产能利用率进行审查。

内部控制要点

1．余额管理

(1)　正确处理实地库存

为了正确处理实施实地库存盘点，公司应准备具体的指导方针，如库存盘点表，货物位置图，实施报告和库存盘点程序／实施指南。方针应包括当差异发生时需要采取的程序。相关人员应熟悉这些程序。

在期末进行实物盘点时，管理时间表非常重要，因为有必要在短时间内完成对差异原因的调查和纠正过程。为求确保计算中没有错误，需由没参与初始计算员工来验证存货计数并执行金额的重新计算程序。

（2）　根据实物盘存的有效率库存管理

　　除了在实物盘存确认库存数量以外，公司还必须识别不良存货，过多存货或滞销存货来优化存货。对于过多或周转缓慢的存货，也必须注意一些公司个别设定的货物处理方式和交货期来进行管理。如果存储站点位于外部，则公司必须获得确认函以确定库存安全地存储在公司的销售仓库和／或供应商的场地中。倘若能到存储站点亲自确认存货的现状是最为理想的。这种复核可能会使公司检测到潜在的非法行为。

２．存货问题和库存验证／库存接收

　　公司有必要为存货／库存验证创建统一的标准和公司准则。这些准则应包括分类和评估程序。这包括管理层采用的处理库存资产的政策和程序以及相关文件的存储（例如在交付和收到存货资产时创建的凭证和其他文件）。公司必须根据处理准则对交易进行定期核查。

（1）　安全措施

　　建议限制并记录仓库进出，以防止盗窃和并保证库存的健康状态与安全。对于特别昂贵的库存，应安装安全设备。

（2）　交叉检查库存／存货收据和库存／存货发货记录

　　有必要验证库存／存货收据和库存／存货发货上的日期，价格和数量并与相关凭证对比。

３．适当的存货水平管理
（1）　拥有辨别低过缓冲存货或库存量的系统

　　为了验证存货是否存有较大差异，定期比较安全存货或库存和实际库存量是必须的。建议依据统一的公司标准和准则，通过验证所有项目或某些主要项目的方法来执行此验证过程。建立系统以及时识别超出标准的任何库存是非常重要的。

（2）　解决存货过多问题的措施

　　如果存货过多，有必要限制，减少或取消（尽可能）未来订单直到符合公司的销售计划。如果差异是在仓库，可以与相关部门制定计划来解决问题，通过将一些存货／库存转移到另一个仓库，并提供指导，推广和进度管理。

(3)　解决旧货数量问题的措施

当呆滞存货超过公司存货标准时效期时，公司需要与相关部门调查原因并制定解决问题的计划。在理想的状况下，应分析问题是由于错误的销售预测，过度购买还是其他原因造成。如果问题是由市场价格下降或产品过时造成的，则应减记存货，并确保计算方法符合公司政策和标准。所有存货减记都应妥善记录。呆滞的库存将导致存储和管理费成本增加，从而导致总成本的增加。因此，公司应尽最大可能尽快解决问题。

实践小贴士！

· 存货资产管理使公司能够使现金流／现金改善。

· 可靠的商品记录和实物盘存对于正确的存货管理，是非常重要的。

· 根据国际财务报告准则，后进先出法是不被允许的存货计价方式。

第三章

第一题

在库存成本中应不包括以下哪项？

√代表对，X 代表错：

（　　）　用于存储库存的仓库成本

（　　）　成品／制成品

（　　）　原料

（　　）　在制品

第二题

库存管理中的以下哪个陈述是正确的？

√代表对，X 代表错：

（　　）　库存不足可能导致失去销售机会，客户另寻替代品，向客户短装出货，无法制造和交付时促成客户流失。

（　　）　公司应不惜一切代价赶制客户的订单，否则客户将转为使用别的产品。

（　　）　持有过多库存可能导致库存周转缓慢，库存过时，增加存储成本和降低资金流动性。

（　　）　较高的库存增加了偷窃的风险，以及增加库存核算系统和审计的时间和成本。

（　　）　为了减少过剩的库存，公司可以为易逝性物品，潮流和时尚物品，有效期限的商品，易被取代的物品或消费者改变喜好的物品提供折扣。目的是降低库存水平以管理库存费用。

（　　）　为避免库存短缺，企业应监控需求，季节性以及经济，行业和产品生命周期。

第三题

在以下的列表中，通过绘制线接第 1 列和第 2 列进行配对。

不一致的可能来源（第 1 列）	可能管理操作（第 2 列）
实地库存计数出错。	这可以通过限制对仓库和库存会计系统的存取来避免。
库存标签列表出错。	这可以通过在库存盘点期间停止收货和放货来避免。

实际发布中的错误或度量单位，例如，以米为单位计算并以升为单位记录。	这可以通过在会计系统中设置货物发行单或收货单（编号）和输入验证检查的编码分类来检测重复，遗漏和错误的编码结构来避免。
计算库存／存货转移单的接收／发货时出错。	这可以通过加强对仓库的存取控制和将库存保存在适当的存储设施中来避免。
存储中的库存损坏，丢失，偷窃，收缩和被盗。	这可以通过设立制衡机制来避免，其中会计分录由不同的负责人员记录和审查。
转移到其他商品等。	这可以通过设立制衡机制来避免，其中由主管审查库存标签的列表。
货物发行单或收货单的编码出错。	这可以通过自动化库存移动记录来避免。
货发货单或货物收据单丢失。	省略的条目可以通过编上连续编号以检测来避免。应执行每月对账。
销售或转让处理不完整。	将手工发货单或收货单转换为电子单据可以避免这种情况。
样本和处置报告不完整。	这可以通过自动化所有计算和表格来消除人为数据输入错误来避免。应执行每月对账
会计簿中的错误计算或错误列表。	这可以通过对所有销售和销售交易进行连续编号以检测省略的条目来避免。应执行每月对账。

第四章　固定资产管理

固定资产分为三种类型：(1) "有形固定资产" 指的是拥有实物形态的资产例如 土地，建筑，办公室家具以及固定装置等；(2) "无形固定资产" 是指无实物形态的资产，例如专利权和软件；和(3) "投资与其他资产" 是指长期财务资产投资的资产，例如证券投资。在此章节我们将讨论关于有形资产。

有形资产相对的往往需要较大的支出。它们并未直接记录为费用，而是在购买资产的年份资本化。公司有系统地分摊这些资产之可折旧金额，根据公司的政策，于耐用年限内分摊。

由于这些资产会长期使用，必须定期维修和保养以维持这些资产。

另一方面，无形资产是有法律依据和经济价值的可转让权利。虽然它们并没有实物形态，但它们可以直接用于操作。无形资产包括租赁权，专利权，商标权，实用新案权利，商誉，软件和其他合法权利。

【固定资产类型】

类型	详情	账户
有形固定	资产拥有实物形式，持有这些资产的目的是长期使用超过一年。	建筑和附属设施，结构，机器和设备，船舶，飞机车辆和运输设备，工具，办公室家具和固定装置，土地，在建工程等。
无形固定	一个非实物形式的资产但具有可转让权利，这存有法律财产权和经济价值以及可以直接用于操作。	专利权，实用新案权利，设计权商标，商誉（贸易权），设施使用权，采矿权，捕捞权，水坝使用权，水权，软件，租赁等。
投资与其他资产	其他资产不归类为有形固定资产或无形固定资产。	证券投资，附属公司的股票，长期贷款等。

流程

所有固定资产都有使用寿命。他们的生命周期从 "购置阶段" 开始，持续到 "管理和维护阶段"，并以 "处置阶段" 结束。

1. 固定资产购置

(1) 资产购置申请

在一般情况下，购置固定资产程序依照内部标准和公司政策进行。根据请求的详细信息，需经过以下验证：

A. 考虑为购置资产筹集资金的方法和金额

在购买资产时所筹集的资金将与资产捆绑很长的时间。因此，当资金来自贷款时，长期贷款的期限会根据资产的预计耐用年限计算。在大型投资中，例如建设新工厂，可以通过发行公司债券，增加资本，贷款等来筹集资金。

B. 购置资产期间和之后的会计处理

在确定资产购置时，公司必须确保此次购置会创造超过投资额的现金流量。资本评估应包括通过投资回收期法，投资回报率法，净现值法，内部收益率法等工具进行评估。因贷款产生的利息负担和折旧成本的确认可能会影响未来的损益表。这点必须列入考量之中。在进行会计过程中与资产购置之后的时间点确定核实其盈利能力。

(2) 资产购置

在决定购置固定资产后，按照公司政策去执行资产的购置，通常采取以下程序：

ⅰ. **采购订单**：索取不同供应商的报价；审核价格，条款与条件；并选择合适的供应商。根据项目规模，例如建造工厂，可能需要全面的招标过程（需要使用建筑师和测量师）

ⅱ. **检查**：收到固定资产后，检查采购订单和交货收据后进行实物检查。然后将资产调整为使用可能的状态。

ⅲ. **资产记账**：总购置成本包括以下所述：购置固定资产所需的资金数额，与购置相关的成本和其他杂项费用。将其记录在固定资产分类账中指定固定资产编号的相应资产账户中。

ⅳ. **付款**：按照购置固定资产发票执行付款请求。

应付账款人员和簿记人员应该分开，分别负责支付和记录。

2．固定资产管理和维护

⑴ 固定资产管理

在购置固定资产后，公司必须将其记录在固定资产分类账中。固定资产分类账簿的主要目的是管理固定资产。为了识别注册资产，这本账簿记载了资产编号，负责管理资产的部门，位置，资产类型，结构和细节，购置成本以及从购置到处置的历史。在年底，为了检查完整性，必须根据分类账的细节对资产进行实物检查。

⑵ 维修

如果需要对固定资产进行修理，公司必须检查维修服务的细节。它必须确定维修成本是否应该作为资本支出或维修费用进行归类。一般情况下，如果维修延长了资产的耐用年限，维修成本可被资本化。

⑶ 折旧

在国际财务报告准则下，固定资产在可供使用并且能够以管理层预期的方式运营时开始计算折旧。而在美国公认会计原则下，当资产投入使用时开始计算折旧。非折旧资产除外（例如土地），不论其盈利表现如何，公司有系统地于耐用年限内分摊这些资产之可折旧金额。公司按照会计准则采用折旧方法。资产的估计耐用年限一旦确定，不应改变，除非有特殊情况使原始估计变得不恰当，例如修改或增强资产可延长其耐用期限（虽然维修可使资产耐用期限超出其预测范围，但在这种情况下，资产的会计寿命仍不允许延长）。如果固定资产项目的部分占总成本的大部分，在国际财务报告准则下可独立计算折旧，在美国公认会计原则下是被允许但不是必需的。

⑷ 资产估价（减损）

公司必须根据会计准则，对固定资产进行减值迹象的测试，如有必要时通过计提固定资产减值准备来记录减值损失。

3．固定资产处置

固定资产的处置应按照内部标准和公司政策规定的适当程序进行。处置时，使用固定资产分类账核实资产并确认处置的损失或收益。在不同的国家地区，处置可能不会被批准作为销账，除非资产被处理为不可用于税收目的。

内部控制要点

1．预计风险

与有形固定资产相关的主要项目包括购置，出售，处置与折旧。以下是每个项目流程的预期风险：

【预期风险】

类别	预期风险
购置	· 发布虚拟销售 · 记录另一项资产（不属于公司的资产） · 高估购置价格
出售	· 不完整的出售资产成本
处置	· 不完整的处置程序
折旧	· 不适当的确认折旧

2．内部控制要点

鉴于上述风险，内部控制应遵循以下列出应考虑的因素。

【内部控制指标】

类别	内部控制
购置	· 制定有关于固定资产管理的政策，记录购置有形固定资产的程序与确保其合规性。 · 对于购置有形固定资产，采购负责人与另外一名员工应检查固定资产和确认申请购置资产得到申请部门主管的批准。 · 须要法定注册的资产应该注册以及记录。应获取房产证或契约的正本并收放在一个安全的地方。 · 根据评核或专家评估确保重要资产的采购价格是公正的。 · 在购置重要固定资产时，必须获取董事会的批准。 · 确认重要信息，例如价格，须要验证证明文件包括出货单，采购单，固定资产分类账和分录凭单。
出售	· 通过实地检验防止不完整的成本销售记录。须要法定注册与记录的资产细节应与会计的记录做出对比。 · 执行整体有效查核销售的损或益。 · 检查合同内没有注明回购的条款并和负责人和交易方确认此条款。
处置	· 记录处置固定资产的政策与程序以及确保其合规性。 · 当需要实物处置时，应拍下处置过程用于记录需要。 · 进行实地视察来预防不完整的处置过程。

	· 在处置资产时，与固定资产分类账联系人和会计部及时沟通。以检查固定资产分类账与关于批准处置的文件和处置相关文件做出对比，确定价格与细节。
折旧	· 确保耐用年限与折旧的剩余价值正确性，资产折旧应该是在开始实际使用时，而并非在购置的时间点。
维护	· 为了确定资产的存在，定期对有形固定资产进行实地盘查，并比对固定资产分类账，总分类账的库存盘点结果。 · 为确保资产的状态，日常使用时及实地盘点时，都应留意资产的状态。 · 作为风险管理，应留意固定资产的保险加入状态，及时加入及更新。

此外，随着新会计准则的引入，如减损会计和资产报废义务，有形固定资产在企业会计中的重要性比以往增加了许多。

因此，有必要建立内部规则，例如固定资产管理政策，与对固定资产以及其购置，所有权和处置的账簿进行妥善管理。

👉 **实践小贴士！**

· 因购置资产而产生的费用，在某种情况下可以记作支出。

· 当为固定资产提供维修时，可能难以确定是将其记录为费用还是资本化。公司需要研究各自国家的会计和税法规定。

· 折旧是指在预计耐用年限内分配固定资产成本的程序。在实践中，有必要了解有关各国折旧的会计和税法规定。

参考题目

第四章

第一题

将以下项目分类为(a)有形固定资产(b)无形固定资产，以及(c)投资与其他资产。

（　）　在建筑物及附属设施

（　）　在建工程

（　）　大坝使用权

（　）　设计权

（　）　设施使用权

（　）　捕鱼权

（　）　办公室家具和固定装置

（　）　商誉（贸易权）

（　）　投资证券

（　）　土地

（　）　长期贷款

（　）　机械及设备

（　）　采矿权

（　）　专利

（　）　软件

（　）　船舶，飞机，车辆和运输设备

（　）　附属公司的股票

（　）　结构

（　）　工具

（　）　商标

（　）　实用新案权利

（　）　水权

第二题

在购置固定资产阶段，以下哪项所陈述是对的？

√代表对，X代表错：

（　）　购置固定资产的贷款期限是根据固定资产的估计使用年限计算。

（　）　公司在评估是否购置固定资产时，必须考虑借款产生的利息负担以及确认折旧成本。

（　　）　一个明智的做法是将大型建筑项目的招标分为三个小型招标分别为(ⅰ)建筑公司(ⅱ)建筑师(ⅲ)测量师，并聘用三家不同的公司以避免集中风险。

（　　）　收到固定资产后，检查采购订单和交货收据，并在启用固定资产列为可投入运作之前进行实物检查。

第三题

在固定资产管理和维护阶段，以下哪项所陈述是对的？

√代表对，X代表错：

（　　）　为了辨认注册固定资产，固定资产分类账内记载固定资产的编号，负责管理固定资产的部门，地点，资产类型，结构和细节，购买成本及历史，从购置到处置。

（　　）　在每个财政年度终结时，在时间许可的状况下，将固定资产进行实物检查则应根据固定资产分类账的细节做出对比。

（　　）　不延长固定资产使用寿命的维修费也可以资本化。

第四题

在处置固定资产阶段，以下陈述是否正确？

√代表对，X代表错：

（　　）　处置时，使用固定资产分类账核实固定资产，并确认处置的收益或损失。

第五章　软件管理

软件的会计处理在会计标准之间有很多不相同点。此章节参考日本会计准则。每个国家都应该依据各国考虑这方面的会计标准。

信息技术（IT）的使用现在在企业管理中至关重要，对软件进行适当的管理更为重要。从内部开发的产品到采购的包装产品有各式各样的软件。在会计中，软件被确认为无形固定资产。

与有形固定资产一样，无形固定资产也在购置中拥有很高的价值，并且可以在很长一段时间内为公司的利润增长做出贡献。无形固定资产按以下类别分类：1）折旧资产，通过折旧确认为成本，如软件和专利；2）非折旧资产，不计算折旧的资产，例如属于租赁物等。

【无形固定资产】

类别	资产
折旧资产	软件，专利权，商标，实用新型权利等。
非折旧资产	租赁（承租人能在土地上建筑的权利），电话线路权

软件作为一种无形资产，按照独自的会计准则进行管理。软件包括用于在电脑操作的任何程序，系统规范以及流程图等相关文档。音乐和视频等内容应与软件分开处理。但在软件和内容被视为在功能上或经济上不可分割的情况下，可以将它们视为一体处理。

> **关键词**
>
> **软件**：指用于操作电脑的一个程序或一组电脑指令。
> **内容**：指程序中要处理的信息或材料。例如，数据库处理的数据，影响软件处理的照片和视频，和音乐软件处理的音乐数据。

流程

1．确认软件生产目的（在规划软件生产时）

软件的会计处理应根据其生产或使用的目的来进行选择。在软件生产的内部应用期间，公司必须在软件生产计划时确认生产或使用的目的。软件生产的目的分为以下三种类型：
(i) 用于订单生产的软件
(ii) 用于市场销售的软件（套装软件）
(iii) 内部使用的软件

２．分类账管理

公司应该创建软件管理分类账，以正确监控和管理软件的采购，处置和更改。它需要注意以下所述的要点。与有形固定资产一样，公司必须对软件进行现场检查，并定期检查其使用情况。

⑴ 版本升级

在某些情况下，有关于软件版本升级的支出会被列为资本支出类别。公司必须检查软件的内容。

⑵ 处置软件

在处置软件时，以适当的方式进行软件处置以确保有足够理据证明处置已实施。

３．折旧

软件应该被折旧。公司需要关注各国会计和税收方法之间的差异。软件的资本化价值与折旧可以以不同方式处理，用于公司会计目的或用于税务会计目的。

内部控制要点

１．内部使用／开发的软件

对于内部使用或开发的软件，只有使用的软件确保会产生收益或节省成本，才可以资本化。在会计处理方面，公司必须为决策过程提供理由，从而得出"必然会产生收益或成本节约"的结论。为此，必须在批准文件和其他相关文件中对此进行确认和澄清。

此外，当内部使用／开发的软件资本化时，公司必须考虑到没有资产价值的软件资本化的风险。因此，存有软件不存在或其价值被高估的风险。

如果软件是从外部采购的，高估软件价值的风险不高。但是，例如，当软件是个人订购时，可能会发生转售和挪用公款的不当行为。因此必须采取措施防止购买内部使用的软件时出现不当行为。如果从外部购买通用软件，则必须通过查看其手册的内容来审查产品的详细信息。

对于采购系统开发的公司获得的内部使用／开发软件，购买者必须确认目的并设定协议的细节。之后，需要获得公司主管的批准。最后，才可以执行采购订单。

在管理软件使用权期间，公司必须保存无形资产分类账。它必须记录和管理资产从购置到处置的使用状态，因为软件具有"隐形"属性。具体而言，公司需要使用软件管理分类账交叉核对证明新软件获取和处理的文件。表格中填写的资料需要经过验证。为了确认软件，参与其使用的部门以外的人员需要确认软件如何用于特定目的。该员工将定期进行现场检查，以确认该软件实际上已用于商业实务。此外，公司必须及时处置不再使用的资产。

２．用于市场销售目的的软件（套装软件）

用于市场销售的软件研发成本应记录为费用。为了减轻损益表的负担，通过把成本与其他软件的成本一起资本化，或者把成本分配给其他产品主数据的生产成本，通过将其视为订单生产软件将其记录为正在进行的软件开发，以及类似的不当行为可能会发生。

为了防止这些不当行为，公司必须制定研究和开发的内部政策。必须考虑以下阶段：计算每个项目的成本，进度管理，正常预算／结果管理以及管理过程中将费用确认为研发成本的阶段。在此之后，应获得相关部门负责人的批准。

☞ **实践小贴士！**

- 在内部使用／开发的软件的情况下，如果使用的软件确保会产生收益或节省成本，它将才可以资本化。这是根据指定软件生产批准和其他相关文档的批准文件确定的。
- 为了正确执行会计和税务处理程序，需要有相关的文件显示软件开始内部使用／开发，其处置，以及证明用于市场销售的主软件的开发完成时间。

第五章

第一题

在内部使用／开发软件的情况下，以下哪项陈述是真的？

√代表对，X代表错：

（　　）　成本只能在使用软件确保会产生收益或节省成本的状况下资本化。

（　　）　公司必须考虑到没有资产价值的软件资本化的风险，例如，软件不存在或其价值被高估的风险。

（　　）　内部使用／开发的软件记录在固定资产分类账下，因为它是打算长期使用的资产。

第二题

如何将市场销售软件（包装软件）的研发成本记录在公司的账簿中？

√代表对，X代表错：

（　　）　作为费用

（　　）　资本化

（　　）　应该不被列入考量中。

第六章　成本管理

成本是指可直接识别并记录在销售中的金额。例如，在销售一种产品时，该特定产品的成本被确认为销售成本。在商品经销中，它指的是所售商品的购买价格。在制造行业中，它所指的是生产产品所需的制造成本，例如材料成本，劳动力成本和间接成本。在服务部份，它所指的是服务成本。

此章将探讨成本管理的实践。

在这章即将重点关注制造行业的制造成本，尤其是标准成本，通过比较实际成本和标准／目标成本以及分析差异而控制成本。有关购买成本的主题，请参阅"第2章：应付账款管理"。

流程

成本管理分为三大类别：

· 成本预算：通过收集内部和外部信息来预算标准／目标成本，进行业务运营。

· 实际成本计算：业务运营中计算因制造产品所花费的实际成本。

· 成本差异分析：业务运营中计算预算成本与实际成本之间的差异，并分析造成差异的原因。

1．成本预算

在制造业中，创建年度成本预算是第一步，在预算阶段定义标准／目标成本会使标准／目标成本和实际成本构成比较。因此，这提高了生产效率并降低了成本。预算编制是管理业务的重要过程之一。预算将按产品，工厂和费用项目制定／计算。在制定／计算时，成本预算必须与相关部门提出的预算一致。

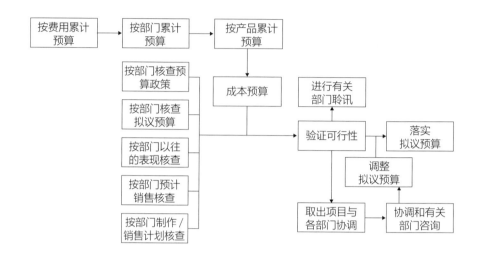

2．实际成本计算

实际成本计算可以达到以下的目标：

· 准备财务报表：计算销售成本或产品成本相对应的销售。

· 管理会计：了解实际数目与成本预算比较，进行标准／目标成本和实际成本的差异分析。

与实际成本相关的数据按以下顺序累计：费用项目，部门和产品。

(1) 按费用项目计算／计数

材料成本，人工成本和费用单独累计。上述每个项目的直接成本和间接成本也单独累计。

(2) 按部门计算／计数

直接材料成本，直接人工成本和直接费用通过计算可直接分配给产品的费用进行累计。任何无法直接分配给产品的制造费用都按预先确定的公式分配给每个生产部门。

3．按产品计算／计数

在制造部门成本计算为部门成本的一部分后，每个产品的分别成本通过分配计算累计。

按费用项目计算	按部门计算	按产品计算
直接成本 　材料成本 　劳工成本 　费用	直接分配给每个产部 →	
间接成本 　材料成本 　劳工成本 　费用	分发给每个生产部门 →	分发给每个产品 →
	生产部门 辅助部门	

４．成本差异分析

成本差异分析有助于区分实际成本和标准／目标成本。此外，它还会分析差异发生的原因。将有利和不利的差异一并考量。另外，有必要检查是否存在非成本项目和异常项目。在分析中，公司必须从不同的角度定义分析，例如供应商，商品，负责人和期间。此外，对数量差异和价格差异进行单独分析也是有效的。取决于差异的内容，向每个部门或工厂提供反馈将有助于未来几年的预算和管理。

内部控制要点

１．确定制造业务的权力和责任

公司必须制定成本核算制度和指导方针，以界定每项业务的程序和作用，例如生产，检验和库存管理。此外，应澄清权力和责任，以确保有效管理各个方面的业务。

２．估计项目的合理性

由于有估计项目，例如物料采购价格和标准容量，公司需要确保数字的准确性，这将成为成本核算的基础。主管需要对估计的项目进行批准。

３．成本累计程序的有效性

公司必须检查成本累计和成本差异是否得到适当处理并反映在会计记录中。

具体来说，由未参与流程并经主管批准的员工检查这些成本累计和成本差异是重要的。

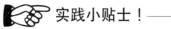 **实践小贴士！**

· 了解成本计算的特殊条款与熟悉计算程序。

· 正确执行成本差异分析可为成本管理提供有用的数据。

· 为了实现准确性和效率，过程应该转为自动化。 成本计算系统应该谨慎地实施和研发。

参考题目

第六章

第一题

　　以下哪项是成本差异分析的目的？

　　√代表对，X代表错：

（　　）　分析实际成本与标准／目标成本之间的差异，以及差异有利还是不利的原因。

（　　）　识别可能扭曲成本差异分析的非成本项目和异常项目。

（　　）　将成本与销售价格进行对比，以确定公司是否应该调整销售价格。

（　　）　从不同角度分析成本，例如按供应商，按商品，按负责人和按期间。

（　　）　按数量和价格差异进行细分分析，并向各部门或工厂提供反馈，以改进未来几年的预算编制和成本管理。

第二题

　　以下哪项内部控制程序适用于成本差异分析？

　　√代表对，X代表错：

（　　）　公司必须制定成本计算制度和指导方针，以定义每项业务的程序和作用，例如生产，检验和库存管理。

（　　）　公司需要确保成本估算的准确性，例如采购材料和标准容量，这将成为成本核算的基础。

（　　）　由未参与流程并经主管批准的员工检查这些成本累计和成本差异是重要的。

（　　）　所有无法查证的费用应立即注销，以避免过高的费用。

第七章　支出管理

为了增加收入，公司必须支付费用。这些开支是追查销售活动和维护业务管理所需要的。这些成本称为支出。在此章将讨论支出管理实践的主题。

流程

1．预　　算

(1)　年度预算准备

公司需要规划哪些部门和项目应分配资金。计划确保高效和有效率地使用这些有限的资金。开支计划是以预算计划的形式进行的。

(2)　预算与实际比较

制定预算计划不足以进行支出管理。公司需要依照参考预算得知会产生多少费用。要有效的管理支出，业务活动可以根据预算进行，将其与实际数目进行比较，并做差异分析。

2．支出处理

(1)　普通开支处理

有三种模式：

(i)　会计部直接支付现金给外部公司，或应其他部门的要求按照批准的采购申请／订单使用电汇或其他方式，并与供应商开票相匹配。

(ii)　如果有员工先付款，会计部将随后报销给员工。

(iii)　将预计金额提供给员工。在工作人员花费之后，超出或不足的金额将在日后结算。

以上(i)是最常见的模式。无论使用任何种模式，都应依据公司政策处理。在支付费用后，公司应及时准备证明文件这包括处理单据。

3．结算／付款

(1)　预借现金

在批准清算或报销之前，用预借现金申请表核实预借现金的证明文件。将转账过账到适当的账户。

(2)　**保证金结算**

保证金结算用于结算现金垫款金额与实际金额之间的差额。准备凭证处理差异。

内部控制要点

1. 工资支出

(1)　**准备员工主文件**

人事部应通过准备和编制人事数据库（员工主文件）来管理个人人事记录。根据不同国家的法律，可能需要收集员工的个人信息。

员工主文件中包括个人记录如以下所述：

(i)　员工的基本资料，如出生证明，简历和当时收到的招聘资料；

(ii)　公司的人事记录，如雇佣合同，工资记录，晋升，转移；以及

(iii)　工资单和计时记录，如工资计算，休假，病假和擅离职守（在没有休假的情况下离职）等基本资料。在一些国家，时间追踪信息很重要。法律要求将未休假期货币化。由于上所述原因，主管必须批准并定期审查记录。薪资计算的基本信息会及时更新。细节必须由负责人以外的员工验证。

管理此主文件必须遵守严格保密。

(2)　**准备工资计算表**

出勤表用于工资计算。它必须经过主管的批准。重新计算及批准工资核算计算表的负责人不能是准备出勤表的人员。

(3)　**支付工资单**

与工资支付相关的欺诈通常通过多种方式进行，包括设立虚构收款人，没被除名的退休人员，虚构的总金额等。为了防止这些欺诈，公司必须确保工资和资金支付人员进行职责分离。

(4)　**工资单的记录等**

公司必须将处理支付的人（实际工资的支付）和发布人进行职责分离。在许多小型组织中，负责薪资计算的人员还负责准备和发布凭证。在这般情况下，凭证必须经过主管的批准。

2. 运营支出

(1) 主管批准

支出的批准程序应由产生费用的部门负责。为了处理超过一定金额的费用或某种类型的费用，公司政策可能需要特殊的批准程序。每项批准均应遵守授权矩阵，以及按照公司政策中规定的批准政策进行。

(2) 工作描述文档和职责分离

工作描述文档记录了每位员工的权力，职责和责任。将某些工作进行职责分离，以便加强内部控制。例如，费用任务可以分为三种类型的过程：计提，支付和会计分录。强烈建议公司定义"谁可以，谁应该做什么"的范围。

(3) 广告费用

由于费用的性质，某些支出（如广告费用）的成本效益难以理解。这些费用可能高于预期的费用。为了预先考虑支出的影响，公司必须制定计划并获得公司授权人员的批准。

(4) 娱乐费用

在支出之前，公司需要检查费用是否属于在规定的福利范围内。此外，应检查下落不明的费用是否应该支出。费用必须获得公司授权人员的批准。

(5) 捐赠

公司应考虑是否应承担支出。支出必须获得公司的授权人员批准。

👉 **实践小贴士！**

- 由于成功的成本管理对公司的盈亏有极大影响，公司应该减少不必要的支出和管理费用。
- 由于成本管理包括许多需要纳税评估的项目，因此考虑税务风险进行会计处理是非常重要的。

参考题目

第七章

第一题

以下哪项应包含在人事部的员工主文件中？

√代表对，X代表错：

（　　）有关工作人员的基本资料，例如出生证明，简历和招聘时收到的信息。

（　　）公司的人事记录，如雇用合同，工资记录，晋升和转职。

（　　）工资单和计时记录，例如工资计算，休假，病假和擅离职守（非正式休假并旷工）的基本信息。

（　　）员工为将来参考和审核验证所做的工作副本。

第二题

为防止与工资支出和运营支出相关的欺诈，以下哪项行动最合适？

√代表对，X代表错：

（　　）公司应聘请法务审计员或私人调查员清除虚构的受款人，重复付款和超额付款。

（　　）公司只应指定一人负责处理和批准工资支出和经营费用的处理，以避免员工互相勾结。

（　　）公司应将其工资和经营费用处理外包，以便其员工没有机会进行支付欺诈。

（　　）公司应将支付处理中进行职责分离，以便在支付系统中明确说明和配置每个员工的权限，职责和责任，以避免欺诈和人为错误。

第八章　月度绩效管理

月度绩效管理是指检查（看）实际结果（做）的过程与根据使用中期计划，长期计划和年度预算规划的方案（计划）。通常采用的方法则是每月结算会计账簿。

每月结算会计账簿是指以结算账户来提供对企业管理有用的财务信息。每月结算会计账簿是年底进行结账之外的附加步骤。

会计账簿的年度结账需要根据各国家的法律法规进行。每月结算会计账簿并非依据法律需求，而是为了管理会计。这一重要的结算流程是为了季度业绩和年度会计提供基本信息。每月结算出于以下目的进行。

【每月结算的目的】

·　在早期阶段掌握管理的情况，以便迅速做好措施防止避免意外发生。
·　通过设定年度预算（中期和长期计划管理和年度预算管理）的销售，营业收入与净收益来进行监控与进展管理。
·　在早期阶段计算用于年度报告的预测销售与利润，以达到可靠的预计成果。
·　通过确保每一个月处理账簿，进行较准的年度结账。

相较于其他方面，计划与实际相比，管理层基本主要关注的是每月结算。这些结算账的信息应尽快提供给管理层。为此，会计和财务部都被要求尽早提供每月预算和业绩的结算和差异分析。

流程

月度业绩管理的流程如以下所述。

1．月度结算调整

在设定的期间（通常月度）之内，公司必须检查各种账户的余额，并做结算调整以便将经营活动和金融活动配对，这经常被称为权责发生制原则。会计中的权责发生制原则，是指无论是否涉及现金，费用和收入产生当下的会计分录。结算调整包括确认递延收入（比如暂记收据之类的暂记账户）以及应计费的记录（比如确认折旧，提供备抵准备金，奖金，人工费，保险费，损害保险，以及月内发生但尚未确认的其他费用）计算方法必须预先确定以及项目需做会计分录。

当每月结账需要外汇汇率与利率时，公司必须预先确定每月结算的利率。这可以采用月平均费率或当月的最后一天的费率等利率，依据适用的会计准则而定。

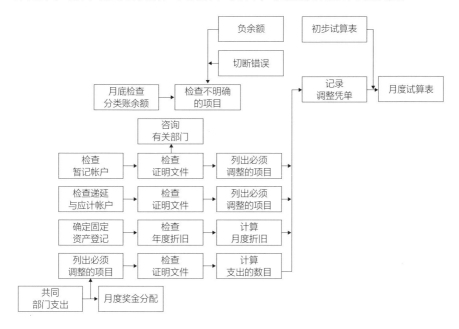

2．月度业绩核对

公司必须审核每月结算的详细信息，并将结果报告给管理层。

基于月度结算的绩效报告是为了快速了解运营的状况和问题。该报告审查包括对预算（或上年业绩）与实际业绩的比较和分析。根据报告结果，公司必须实施措施以实现公司的目标。因此，此报告需要提供准确和及时的信息。

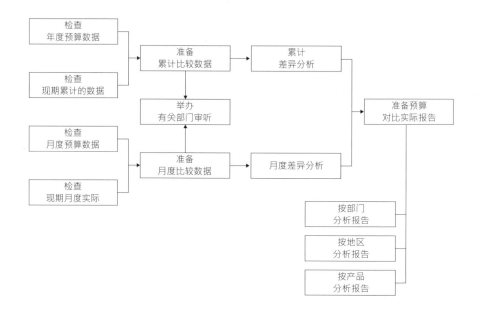

3. 预算审核

    月度预算中存在的重大差异可能会改变预算绩效分析的结果。若是如此，年度预期的预算结果可能会发生巨大变化。应根据实际结果对年初的年度预算做出调整和修改。预算可按照季度或每半年修改，具体取决于预测的偏差范围。通常，原始预算在上半年的设定时间段内进行修改，并在年度财务期结束时重新预测。

实践小贴士！

· 月度结账是为了对公司管理层进行报告。此结账报告需要包含准确性并迅速执行。

· 月度结算文件没有固定的表格（但有些国家建议使用某些标准格式）。公司必须审查并确定报告的内容以满足其中的需求。之后，管理层可以达至运营正确的决定并及时采取措施，实质上它是一种业务的反馈机制例如"计划，执行，检查，行动"。

· 根据公司的规模，有些情况下，没有必要呈现确切的货币金额。有时，使用较大数量例如一千（1,000）或一百万（1,000,000）在报告内更为实际，选择恰当的货币单位即可。

参考题目

第八章

第一题

以下哪项是每月结算的目的？

√代表对，X代表错：

（　） 在早期阶段掌握管理情况，以便迅速采取行动纠正错误。

（　） 通过设定销售额，营业收入和净收入的目标来执行监测和进度管理，以协助进行年度预算管理以及中长期规划。

（　） 预测销售额和利润并计算估计结果。

（　） 遵守全球证券交易所每月结账的规定。

（　） 通过月度核对和结账确保更准确执行年度结算。

第二题

预算审核在会计管理被视为是一个重要的程序。以下哪一个答案是对的？

√代表对，X代表错：

（　） 预算审核是为了分析计划与实际相比的差异。

（　） 预算审查是依循法律和会计标准所需。

第九章　财务结算流程

财务结算的目的是向利益关系者例如股东，投资者与其他人提供财务报告。因此，财务结算的最终目标是根据会计标准创建各种结算文件，例如财务报表。此外，董事局需要在法定审计后，依法律在股东大会里获得核准。换句话说，遵守法律程序是非常重要的。

流程

根据当地公认会计准则和／或国际公认会计准则，年度法定财务报告是依据月度管理财务绩效为基准制定。

以下的流程图描述其会计工作流程。

1．预先准备

(1)　制定结算政策

第一步是制定，通过管理层以及首席财务官批准的结算政策。结算政策约略分为两类政策：会计政策和盈利与股息政策。

A．会计政策

公司必须采用适当的当地或国际会计准则，并确认当地税法对会计实务的影响。如果需要更改会计方法，公司应咨询其审计员并同意变更。然后，应用新的会计方法。

B．盈利与股息政策

关于现财政年结账确认多少最终盈利以及将向股东支付多少股息的信息是高层管理人员首要关注的事项。

在展开会计年度工作之前，公司需要通过创建年度预算来预测财务结果，计算盈利预测和可分配盈利的股息，并向高层管理人员报告有关信息。

⑵　制定结算时间表

公司有必要制定考虑到股东大会的日期和总公司规定的截止日期的结算时间表。在制定结算时间表时，公司需要为财务结算流程制定足够长度的时间表。其时间表必须将内部系统的结算时间列入考量中。通常，结算的成功性取决于结算采用的适当安排。这个过程在年度会计实践中是非常重要的。

⑶　负责会计结算的人员分配

公司必须按照以上所述的结算时间表分配负责结算的人员。它必须考虑到每个人员的能力和未来人力资源的发展计划。开发计划时应该注意的是，如果负责人的经验比较少，主管必须审查该员工的工作并更加密切地提供支援。

⑷　对共同事项进行确认与审查

在财务结算中，有必要把确认与审查共同事项作为先决条件。具体而言，需要审查以下所述的事项：1）年终结算期和期间的汇率；2）记录准备金的准则；3）评估资产的准则；4）分配共同费用的准则；5）其他。

⑸　内部通知和举行简报会

当应该提前准备的流程完成后，公司必须向每个部门发出年度结账的内部通知，并在必要得时举行简报会。还有必要以负责会计和财务的董事或首席财务官的名义发一份内部通知，以确保整个公司的结算政策从会计级别到更高级别统一执行。

２．财务结算程序

⑴　协助相关部门

公司需要协助各部门的会计程序，包括会计处理咨询。这确保了每个部门可以按结算时间表及时完成结账程序。

⑵　确定销售

根据采用的销售识别准则，公司需要确定当期的销售额。有许多公司在产品出厂时采用了称为发货销售的会计方法记录销售。还有许多其他会计准则，例如交付基础，客户验收标准，完成百分比和完成合同基础。请参阅第1章－应收款管理。极力建议选择适合交易情况的会计准则，并遵守会计规则和规定。

公司必须检查在期末前后记录的销售额是否进行了适当的确认并参考公司采用的

收入认可标准。此外，它必须检查是否存有渠道填塞或虚拟销售对利润的影响。这是通过交叉检查销售手册和相关证明文件而完成的。如果有任何问题或疑虑，请与主管确认并澄清。

(3) 确定成本

在销售成立后，公司必须确认成本是否按照销售成本的计算标准正确记录。

尤其是，通过实际库存了解库存／存货的实际数量是非常重要的，并通过评估年终库存来确定成本。请参阅第三章库存管理和第六章成本管理。

(4) 分配共同费用

共同费用或间接费用是与销售没有明确对应关系的费用，例如工厂管理部门产生的费用。通常，这些共同费用根据某些分配标准分配给成本。负责人必须正确进行计算并确定销售成本。请参阅第六章成本管理。

(5) 结算调整

在年度结算中，有一些特殊调整程序称之为结算调整。结算调整的例子列述如下。

(i) 调整暂记账户

暂记账户是指由于某些原因例如内容未知或会计处理不明确，而暂时使用但未记入原来的账户的任何账，例如暂记付款和暂记单据。在没有适当的处理之下，暂记帐户可能会累积增加。因此，可能需要花费很长时间来调整。所以极力建议每月彻底审查内容并将其转移到适当的账户中。

(ii) 计算递延和应计账户

这是为了使销售和成本与财务期间的活动报告做出对应。递延和应计帐户是用来在会计期间进行调整的帐户。这用于在年末执行合理适当的损益计算。有几种类型的帐户，例如预付费用，应计费用，应计收入和预收收入。如果这些账户在年内是以现金方式处理，公司有必要在年底按照程序调整为权责发生制的会计基础。

计算递延和应计账户的方法

一般来说，有两种计算递延和应计账户的方法：（一）在会计期间内使用以现金为基础的账户并在结束时确认账户，以及（二）在会计期间内确认项目并定时在确定付款和收入后作出适当调整。

方式（一）的优点是因为工作程序简单，但是缺点在于结算月份的利润和损失将会产生很大的差异。另一方面，方式（二）的优点是结算月份的利润和损失会被确认和应收账款与应付账款的会计处理能够正常进行，然而缺点则是会计的处理会很复杂。

(iii)　调整长期和短期应收款项和应付款项

资产负债表中列出的应收款项和应付款项目需要分类为流动资产，流动负债，固定资产和长期负债。公司有必要从管理总账和管理系统中获取信息并执行转账处理。

> **关键词**
>
> 作为会计用途，公司有必要根据以下标准确定收款或应付款是长期还是短期：
>
> - **经营周期标准**：在正常经营周期（商业周期）中转换为现金或收入和支出的资产和负债分类为短期（流动资产或流动负债）。经营活动产生的存货和应收账款／应付账款在经营周期中的资产和负债即使结算超过一年，也应将其归类为流动资产（或流动负债）。
>
> - **一年规则（会计期间）**：当应收账款和负债的到期日发生在截止日后一年内，它们被分类为短期（流动资产或流动负债），而当应收账款和负债的到期日发生时超过一年后，它们被归类为长期（投资和其他资产或长期负债）。

(iv)　账目的仔细审查

公司必须用证明文件（如辅助账簿和存款证余额）核对资产，并仔细检查账户余额是否正确。如果存有不明确的内容，需要通过查看个别的单据或证明文件以调查详细信息。此外，预扣所得税等有关的付款的遗漏也能够通过此程序中查出。在会计实务中，如果账户明细表与此程序一同准备，会计处理将更有效地执行。

(v)　记录各种备抵项目的计提

公司必须对账目进行估算，例如呆坏帐准备金，津贴退休福利，以及根据记录各项计提为基础的准备金或备抵的奖金。首先，在计算备抵与其他的账目之前，您需要估算呆坏帐金额，估算奖金金额等。

如果聘用外部公司提供任何财务结算服务，比如估算在信托公司（例如信托银行或其他金融机构）的退休福利金，必须确保将该报告纳入财务结算流程。

(vi)　资产评估和减值

公司必须评估资产，比如证券，房地产等是否有减值的迹象。公司必须获取资产的市场价值和其他相关信息进行评估和减值测试。

(6) 税务影响，例如所得税

在计算税前净收入确定后，公司需要计算应纳税的所得和企业所得税。如果这些计算委托给外部会计师事务所，必须事先检查时间表和预先提供的资料并及时获取这些资料。

(7) 确定结算的数值

如以上所述，当确定预估的企业所得税等金额之后，公司会计算当期税后净收入，然后准备最后试算表。通过使用从这些程序中获取的资料，公司能将资产负债表，利润表和权益变动表定稿。（一份资产负债表，一份利润表，和一份权益变动表，连同个别的财务报表附注与补充附表通过董事局的批准与股东大会的批准进行法律定稿。）

在英国，这个过程会被列为"法定会计方案"。

(8) 确认期后事项

期后事项的确认结算期后事项是指发生在截止日期后到审计报告前，而且会对公司的财务状况和经营成果造成影响的会计事项。您需要在披露日期之前向律师事务所查询此类事件是否已发生，并在确认后，如有必要将它视为披露项目。

3．向董事汇报以及审计的准备

(1) 结算分析

在确定结算的数值后，必须对当期财务结果进行分析。分析文件应该依照管理层的要求创建，一般情况下，有必要将今年和去年的数值进行对比分析，预算或预测进行对比分析，以及进行一份对异常值的内容分析等。这些分析对在结算流程中防止重大错误是非常重要的。

(2) 根据当地公认会计原则和／或国际公认会计原则的审计的准备

在提供给审计师（独立审计师和审计委员会）以下文件时必须依照总公司的规定：

(i) **财务报表**（公司的资产负债表，利润表和股东权益变动表，连同个别的财务报表附注）和补充附表。

(ii) **综合财务报表**（综合资产负债表，综合利润表，综合股东权益变动表以及综合财务报表附注）

(iii)　**业务报告和补充附表**

此外，日本公司与独立审计师（拥有五亿日元或以上或者总债务为两百亿日元大型公司有义务聘请独立审计师），除业务报告和补充时间表外，以上的文件必须经过独立审计员审计。

(3)　**审计的准备**

公司有必要提前组织和安排审计时间表，审计项目和提交给审计员的文件。

(4)　**组织和管理审计**

通常，组织和管理审计是由会计部门进行。作为负责的部门以及内部／独立审计师之间的桥梁，内部审计经理或担任类似职务的职员必须准确地向有关部门传达他们的询问，并为确保审计能顺利进行做出适当的安排。

(5)　**解决错误，遗漏和错误陈述（审计结果）**

对通过审计过程发现的错误，遗漏和错误陈述，应咨询审计员并采取必要的措施。。这些检测到的事项／审计结果应报告给管理层，如有必要，应对账簿和财务报表中的相关信息做出调整。

(6)　**审计报告**

在审计的最后阶段，需要从独立审计师处获取审计报告。在独立审计师的审计报告中，可能将发出以下任何审计师的意见：1）无保留意见；2）保留意见；3）否定意见；4）无法表示意见。一般而言，在原则上审计报告将以无保留意见提交。这说明着公司的财务报表中的所有重大方面按照适当的会计准则公允列报。为此，如以上(5)所述，您需要咨询审核员有关通过审核发现的重要事项，并在必要时将其报告给高管理层，然后根据审计师的调查结果进行修改／调整财务报表并获得批准。

(7)　**董事会议程题材的准备和董事会的批准**

根据日本《公司法》，公司经过独立审计师或审计委员会的审计后，财务报表（资产负债表，利润表，变更股东权益表和财务报表附注），业务报告以及补充附表必须经由董事会的批准。

4. 股东大会的筹备（以在日本而言）

(1) 批准财务报表等

《公司法》规定，在原则上，通过股东大会批准的财务报表的才是最终报表。

但是，对于有独立审计师的公司，如果财务报告符合以下要求：(i)外聘审计员在报告中表达了无保留意见；(ii)内部审计师或审计委员会在审计报告中对独立审计师提供的审计方法和结果没表示有不合理的结论，以及(iii)没有其他负面评论，通过董事会批准的财务报表为最终报表。但是需要在股东大会上作为报告事项处理。

(2) 利益分配

《公司法》中对公司的计算方式实行了各种规定，其主要目的是进行适当的利益分配。根据现行《公司法》，公司可以随时和无限制的申报分红，但支付的最高股息金额（可分配金额）在《公司法》中详细规定，因此确认可分配金额时必须按照法律规定的计算方法认真执行。

在财务报表等通过法定程序确认后，股利申报和支付日期将通过董事会决议并且在股东大会上批准。

在董事会决议中，必须注意的是股东的登记日期。该登记日期将决定拥有获得股息的权利与否。根据《公司法》的规定，有必要在净资产变动表中的附注中列明股息金额。

内部控制要点

关于结账程序，检查下表中列出的项目是有效的。

帐户名称	方式	内容或目的
所有账户	创建前年财政年度比较表	·审查和分析增减变动原因
		·查找会计处理错误
	创建月度移动表	·准备财务报表附注和报税表
		·查找会计处理错误
现金／存款	实地查验现金盘点和银行确认函	·确定资产负债表上记录的数目
应收账款	与客户进行余额确认	·确定资产负债表上记录的数目

		· 预防和查验诈欺行为
	账龄	· 检查资产负债表项目分类 · 确定记录备低呆账（坏账）的必要性
证券	核实存款凭证	· 预防和发现诈欺行为
应收票据	实地查验	· 确定资产负债表上记录的数目
		· 预防和查验诈欺行为
	检查票据到期日	· 检查资产负债表项目分类
		· 信用管理
暂记账户例如暂付和暂收	创建一个按账户编排的详细报表	· 检查资产负债表中的会计名称 · 预防和查验诈欺行为
存货	实地盘存	· 确定资产负债表上记录的数目
		· 确定退货等的处理状态
		· 检测坏损和陈旧货物
	编制详细的账目报表	· 查找会计处理错误
		· 确定是否存有缺货／过量存货的情况
固定资产	实地盘存	· 对资产存在，资产完整与实际状况进行核查
		· 确定记录处置亏损等
	准备账目细节／附表	· 检查折旧费用金额
		· 编制补充附表附注等
应付账款，应付票据	向交易对象核查账户余额	· 确定资产负债表上记录的数目
		· 预防和查验诈欺行为
	准备账目细节／附表	· 确定未偿的应付款项
其他资产与负债	准备账目细节／附表	· 查找会计处理错误
		· 检查资产负债表中的会计名称
销售与采购	编写历史业绩报告（月度比较）	· 确定年底的销售和退货处理等

		・检查销售与成本对应
费用	编写历史业绩报告（月度比较）	・探查导致增加或减少的原因
		・查找会计处理错误
其他	审查合同	・查核交易和账户处理是否按照合约进行
		・检查合约有效性

👉 **实践小贴士！**

月度结算的目的是满足公司内部用户的需求，而年度结算的目的是满足财务报告内外用户的需求。因此，财务报表的程序和形式等，是由法律规定。必须准备结账程序（结算政策），结账时间表的制定和职责分配等，以顺利完成结账。

参考题目

第九章

第一题

根据以下陈述请填写独立审计师发出的审计意见的类型。

a． ＿＿＿＿＿＿＿－公司的财务报表在所有重大方面按照适当的会计准则公允地列报

b． ＿＿＿＿＿＿＿－公司的财务报表公允地列报公司的财务状况，除了一些方面，例如，审计师工作范围的限制，或者与管理层在会计政策的应用，可接受性或充分性方面看法不一致。

c． ＿＿＿＿＿＿＿－公司的财务报表出现误报的陈述。

d． ＿＿＿＿＿＿＿－如发生以下其中一种情况，审计师将发出此类意见：

(i) 当审计师并非独立或存有利益冲突。

(ii) 当客户限制审计范围而导致审计师无法获得足够的适当审计证据。

(iii) 当客户的业务方面出现重大不稳定的因素。

第二题

关于结算程序，请在下面的结算清单中填写为每个账户推荐的"方式"。

帐户名称	方式	内容或目的
所有账户		·审查和分析增减变动原因
		·查找会计处理错误
		·准备财务报表附注和报税表
		·查找会计处理错误
现金／存款		·确定资产负债表上记录的数目
应收账款		·确定资产负债表上记录的数目
		·预防和查验诈欺行为
		·检查资产负债表项目分类 ·确定记录备低呆账（坏账）的必要性
证券		·预防和发现诈欺行为
应收票据		·确定资产负债表上记录的数目

		・预防和查验诈欺行为
		・检查资产负债表项目分类
		・信用管理
暂记账户例如暂付和暂收		・检查资产负债表中的会计名称
		・预防和查验诈欺行为
存货		・确定资产负债表上记录的数目
		・确定退货等的处理状态
		・检测坏损和陈旧货物
		・查找会计处理错误
		・确定是否存有缺货／过量存货的情况
固定资产		・对资产存在，资产完整与实际状况进行核查
		・确定记录处置亏损等
		・检查折旧费用金额
		・编制补充附表附注等
应付账款，应付票据		・确定资产负债表上记录的数目
		・预防和查验诈欺行为
		・确定未偿的应付款项
其他资产与负债		・查找会计处理错误
		・检查资产负债表中的会计名称
销售与采购		・确定年底的销售和退货处理等
		・检查销售与成本对应
费用		・探查导致增加或减少的原因
		・查找会计处理错误
其他		・查核交易和账户处理是否按照合约进行
		・检查合约有效性

第十章　年度预算管理

预算是公司对特定年份具体目标的数字描述。预算是通过将业务预测划分为个别业务运营的短期计划。中期与长期计划是根据公司的管理理念而创建。

预算管理是指控制公司的运营和活动的管理方法，以实现年初或财政运行开始时设定的预算目标。预算管理是用于扩大和发展公司业务的首要步骤之一。预算管理与中期和长期规划拥有相同的步骤。

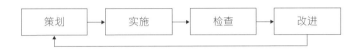

预算管理的步骤如下：第一，制定预算（策划）；第二，展开业务运营（实施）；三，管理运作（检查）。最后，分析预算与实际结果之间的差异并解决问题（改进）。如果有任何变动，公司应尽快对预算进行调整。它们也应该为下年度的预算提供反馈。

流程表

1．制定预算管理政策

首先，管理层指示各部门设定销售目标，费用预测和利润目标。这项指示的用意是根据中期和长期计划提供目标。因此，在为作为中期和长期计划基础的经济环境和市场趋势进行交叉核对之后，预算部门（例如预算委员会，规划部门，会计部门等）需要通知和向各部门说明预算。在这种情况下，必须明确预算政策和制定时间表。

2．按部门制定预算

其后，每个部门都为每个项目制定预算，并且考虑到目标的达成可能性。主要项目包括销售预算，生产成本预算，资金投入预算，人力资源预算，资金预算等。由于项目可以跨部门使用，各部门需要与相关部门协调。此外，预算部门通过为各部门提供指导和支持来帮助各部门创建适当的预算。

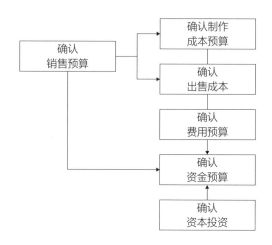

3. 确定年度预算

在此阶段，公司为各部门所提交的预算进行汇编。总预算已完成。公司会根据此信息创建整个公司的预算（全公司的年度预算）。这个步骤将主要由预算部门进行。在编制预算时，应谨慎考虑与中和长期计划的一致性，各部门之间的一致性和其他事项。如果需要，可以适时为预算进行修改。一旦与利益相关方协调完成后，应获取管理层的批准。公司会通知并向各部门和员工解释这些核定预算。全面实施预算取决于各部门和各级员工的正确理解。

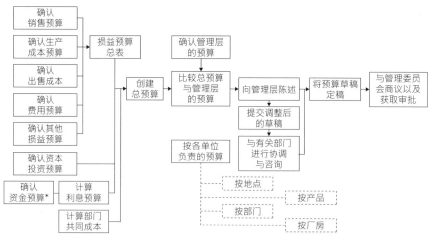

* 有关年度预算编制流程的详细说明，请参阅第 14 章资金管理

预算管理要点

1．预算的重要性

仅仅制定中期与长期计划是不足以实现目标的，因此需要制定年度预算。具体而言，预算的重要性如以下所述：

(1)　目标设定

在中期和长期计划中列出的目标涵盖至少三至五年的时期。在预算编制中，公司为下一个年度设定短期目标。公司也可能设定具体目标。短期计划是实现绩效目标的第一步。

(2)　经营管理

一个具体的预算将促成更明确和更确切的数值目标。使用数值目标的预算，可以有效的控制整个公司的营运。

换句话说，公司可以使用进度管理并为预算和实际结果做出对比来改进管理流程。在中期和长期规划过程中，所有预算目标都有助于促进公司管理层与员工之间的沟通。这种沟通可以帮助员工实现目标并加强他们的原动力。

2．预算编制工作流程

1	预算编制政策
2	设定，调整与决定每个预算项目
3	编制总预算
4	实施预算计划
5	分析预算与实际结果之间的差异
6	考虑改进计划与措施

3．编制方法

预算编制的三种方法如下。

方式	说明	优点	缺点
由上而下方式	·这个方式反映管理层的决定。高层管理人员为公司制定目标，并将其转化为具体的目标供中层管理人员和运营级员工实现。	·因为决策和预算编制完成的时间很接近，公司可以快速的制定预算目标。 ·因为管理层将总预算划分为个别预算，整体上公司可以按照比例设置预算。	·管理层可能会不考虑到实际情况而设定一份不切实际的预算。 ·有时，由于预算并不考虑到员工的观点，可能会减弱员工达成目标的动力。 ·有时，由于员工并未真正参与编制预算，他们可能不会全力以赴达成目标。
由下而上方式	·这方式认可员工提供的意见。换言之，它试图由下而上建立与整合每一个阶层的个别预算成为公司的整体预算。	·由于负责管理的员工明白设定预算的情况，因此该部门可以设置一份更实际的预算。 ·由于预算认可员工提供的意见，这将提升实现目标的积极性。	由于预算是由下而上建立的，涉及的风险是预算编制会太耗时。 ·有时，预算是根据员工的过往经历制定并有比较低的目标导向性。因此，员工可能设置容易实现的预算。 ·当整合工作没有顺利完成，预算会欠缺整体平衡感。
折衷方式	·这方式结合以上两种方式。换言之，当公司通过决策程序设置预算政策后，各部门编制一份预算并整合为一份综合预算。	·因为预算反映管理层与各部门的用意，这将会是平衡的。	管理层必须传达预算政策给各部门，而将会由下往上设置预算并整合一份经落实的预算。因此，涉及的风险是预算编制会太耗时。 ·如果管理层与各部门的协调并没有顺利进行，之间可能会出现摩擦。

4．预算编制的责任

部门之间的预算协调与调整是企划部门，预算委员会或会计部门的责任。预算编制主要涉及数值流程。对于预算编制工作，负责数值流程的部门担当着关键的角色。

被指派的部门会向高层管理人员提供有关预算政策决策的信息。根据高层管理人员对关于预算政策的指示，它要求每个部门实施预算并调整从这些部门收集的预算。

　　预算执行后，负责执行的部门应该对预算与实际结果之间的差异进行分析并向管理层提交差异分析报告。

5．预算期间

　　预算期间应按照公司的实际情况和预算的重要性来决定。年度预算通常为一年。大多数公司使用一年期，并将年度结算，预算频率，时间和精力列入考量中。随着预算管理系统和资讯科技发展的扩展，一些公司使用半年度预算，季度预算或月度预算的组合。

6．预算单位

　　关于预算编制的问题之一是决定制定预算是哪一个部门的责任。预算单位是按照管理范围而定。预算单位是用于设定目标数值和管理执行预算。预算单位也用于控制预算。具体而言，例如将部门，小组，项目，财产和／或帐户等的单位会列出。

7．和中期与长期计划之间的关系

　　年度预算有源自于中期和长期计划的比较切确和详细的内容。换言之，预算是中期和长期战略计划的执行计划。在预算编制中，必须确保与中期和长期计划的一致性。

8．预算系统

　　预算系统取决于预算编制的重要性和公司的实际情况。其中一个例子如下。

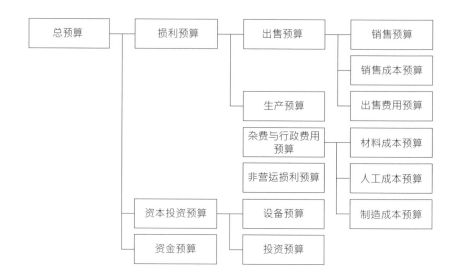

9. 销售预算

(1) 销售预算

在许多情况下，销售预算的部分内容根据销售计划的细节确定，包括中期和长期销售计划。按产品和客户的销售计划由各部门创建以及汇编。这应包括销售数量和详细的销售价格。

公司在创建销售预算时应把整体经济状况，竞争对手的趋势，客户预测以及可能影响销售预测的其他因素以及上一年的销售量列入考量中。销售预算还应反映年内所发生的特殊因素。使用每月创建的数据来作为依据计算年度销售额的方法是最为理想的。在这个情况下，应把季节性变化因素列入考量中。

(2) 销售成本预算

确保销售成本预算与销售预算相对应是非常重要的。公司必须按产品和按客户创建销售成本预算。如果销售成本预算是根据销售量创建的，销售量必须与销售成本保持一致。

如果销售成本与销售价格有一些比例上的关系，公司可以采用成本比率计算方法。销售成本预算不应超过销售预算。

(3)　**销售费用**

预算出售费用与销售额存有比例关系。这些包括运输成本，销售佣金以及与销售有直接相关的其他变动费用。出售费用预算与销售预算是相对应的。如果销售量增加，运费一般也就会随着增加。因此，公司必须在出售费用预算和销售预算之间保持一定的一致性。出售费用预算中还包含一些与销售无关的固定费用，例如广告费用。在这个情况下，公司按产品进行汇总计算。这必须把销售计划和过去的支出模式列入考量中。在一些公司中，广告预算是根据销售的百分比而制定。

10. 生产预算

根据中期与长期生产计划，公司设定预算时会把生产能力纳入考量中。通常生产预算是用标准成本计算法制定的。任何降低成本措施的计划都应反映在生产预算中。

(1)　**材料成本预算**

生产预测应按销售量为参考而设定。公司必须注意生产预测与销售预算之间的关系。材料成本预算必须与生产计划一致。对于每种材料，相关部门都会计算材料成本预算。如果材料成本预算比销售量多，在期末剩下的材料成本应列为库存。

上年度开始和结束时的库存对确定材料成本预算是非常重要的。公司必须通过前年的经验了解库存周转率。

(2)　**人工成本预算**

人工成本预算分为两类：(1)职业，如技术人员，主管和工人，以及(2)就业状况，如全职和兼职。

对于列为固定成本的项目，无论产量如何，月度预算工资可以通过平均工资（根据前年或预计金额）乘以当年预算的实际或预计人数计算的员工。

对于根据生产量和工时例如兼职工作，而列为变动成本的项目，公司需要取得年度平均单位工资。这是将相加所得的总工作小时乘以时薪除以员工人数。然后，将所得乘以员工人数再乘以年度总工作小时来取得变动人工成本预算。公司必须根据企业具体情况计算各自的预算。每人的年平均工资计算需考虑到基薪的增长，包括定期加薪。另一种预算方法是将每个人的年薪酬汇总总结计算。

人工成本预算的计算类型往往取决于操作的复杂性和不同公司采用的成本计算方

法。在实际情况中，并没有制定人工成本预算的明确规则。最为重要的是，预算人工成本应该估算实际成本。

(3) 制造成本预算

如材料成本预算一样，制造成本预算与计划生产量相对成正比。公司必须与预计销售额确定制造成本预算的比率。

除外包加工成本以外，费用需要分为两组：1）变动成本；2）固定成本。

变动成本比率应以前几年的经济环境和信息的变化为基础。与产能利用率成比例的项目，例如电力成本和燃料成本，应以每个账户的变动成本率计算。

固定成本，包括折旧和租金费用都会产生，无论产能利用率如何。公司必须根据每项费用的性质将它们设置为预算项目。例如，大部分的折旧都会以固定金额出现在每个会计期间。

新的购置和资产出售应在预算中添加或扣除。制造成本预算必须与设备计划保持一致。

> **关键词**
>
> **产能利用**：指生产设备能力的利用程度（例如，机器和设备的运行时间，直接劳工时，生产量等）

11. 一般和行政管理费用预算

一般行政费用预算基本上视为固定费用来处理。它们被分类为两种项目：每人平均年薪和人数。

设定预算的计算方法是将平均年薪乘以实际或预计的人数。每人的年平均工资应包括预计的加薪。另一种预算方法是将每个人的年薪酬汇总总结计算。中期和长期计划中的人事计划所需的人数可能不足。在这般情况下，公司必须预测招聘，培训和调派以及搬迁的费用。

除了劳工的相关成本以外，大部分费用都是固定成本。公司需要把每个账户前财政年的情况列入考量中计算预算。当预算是以前年的模式进行计算时，公司会趋向于以保守的方式制定预算并分配比所需更多的费用。每个部门必须拿到分配总费用的参考框架，并且设定降低成本的预算。

12. 非经营损益预算

(1) 财务相关的收益

利息和股息收入是按照预期利息和股息率计算的，以参考中期和长期计划中的财务计划和估计的资产负债表。

(2) 财务相关的费用

如财务相关的收益一样，利息支出是根据金融机构贷款利率的预期利率计算的。在按固定利率计算的长期债务的情况下，应计金额定性为预先确定。

这项财务相关费用应包含在年度预算中。

(3) 财务相关以外的收入和支出

公司必须参考往年实际以及现财政年度预期的收入和支出，并按账户计算预算。

13. 投资／资本预算

(1) 设备预算

预算将通过中期和长期计划中的设备计划转化为现财政年度设备预算来制定。对于大规模资本投资，公司根据设备计划（通常基于销售计划和产能计划以及外包策略）反映新设备采购。由于小规模资本投资可能不被纳入设备计划，公司应考虑往年的模式与根据各部门的实际情况做调整分配所需的金额。

(2) 投资预算

投资预算需符合中期和长期计划中的财务和其他相关计划。大多数项目已将投资预算纳入中期和长期计划中。

14. 基金预算

收入和支出基金已纳入预算中。这通常是根据损益预算中每个账户的金额来计算的（例如，设备预算，投资预算等）。为了确保足够的营运资金，公司有必要考虑融资或借款方案。

如果有进行大规模资本投资的计划，公司必须确定如何为预期支出寻求资助资金。

公司可以通过金融机构借款，发行公司债券，并发行股份以增资，又称资本引入。公司必须考虑达到最佳业务组合。此外，公司必须为其资本结构提供目标数值来创建资本预算。公司应该以提高公司的财务比率例如资本充足比率，流动比率和固定长期适合比率，接近预先设定的数值目标。

这种预算控制的基石是为了确保公司的安全。

> **关键词**
>
> · **资本充足比率（股权比率）**：股权资本占总资产比例的指标。公司偿付能力的指标
>
>   资本充足比率(%)＝股东权益(股本)÷总资产×100
>
> · **流动比率**：流动资产与流动负债比例的指标。比率越高，则对短期资本的依赖性越低。通常在日本200%是最为理想的，任何大于100%的数值都通常算相当不错的。
>
>   流动比率(%)＝流动资产÷流动负债×100
>
> · **固定长期适合比率**：固定资产在多少程度上由股东权益（权益资本）和长期债务所涵盖的指标。
>
>   固定长期适合比率(%)＝固定资产÷(股东权益＋长期负债)×100

15. 总预算

总预算或全公司预算是将所有部门创建的所有预算融为一体。总预算有助于决定公司整体的目标预测。它反映了整个公司以及制定总体预算负责人的用意。在某些情况下，预算可能会对有些部门有利，但对于整体公司不利。最好的总预算必须使整个公司受益，而不仅仅是一些特定的部门。预算部门在管理层与各部门之间以及每一个部门里的协调中起着核心作用。公司必须彻底审查预算是否纳入措施来消除预算之间的矛盾。此外，一份准确的预算必需要提高其可行性并有助于公司发展。

16. 复查预算

为了达成预算管理的目的，公司应及时复查预算。如果预算编制的先决条件已更改，将不适宜与实际结果做比较。

预算不该因为成绩未达标而作出更改。公司必须以灵活的方式控制预算。

17. 预算的进度管理

预算制定后，公司必须管理预算的进度。如有任何突发事件，公司应及时调整预算。有时，预算太偏离目标，要回归到正确的轨道已经太迟了。尽管如此，公司仍然该继续追求更高层次的增长率和财务业绩。

(1) 日常管理

各部门的经理负责日常管理。经理通过对下属的成就进行评估，审查他们的进度报告，并提供指导和协助来监督业务运营。日常管理应遵守组织的规则，而并非仅仅依靠经理的能力。具体而言，公司应制订政策和手册。

(2) 月度管理

月度管理在预算控制中起着核心作用。月度管理涉及分析预算与实际结果之间的差异。此外，应考虑到上个月的绩效数据以及前一年同期年度绩效数据。这是管理层和各部门主管的职责。具体而言，他们通过月度会议，单独讨论，等进行业务运营的进度管理。如有任何意见分歧，公司将决定是否需要为任何业务运营进行改进。他们为各部门提供反馈报告并制定改进措施。

(3) 半年度管理

在半年或六个月这一恰当的时间段中，公司能了解经济环境的预测差异。因此，审查预算也变得更简易。如果目标与实际结果之间的偏差增加，上半年未达标的部分将难以结转到会计年度的后半部分。要将公司业绩提升到原定目标是一项挑战。这会严重削弱员工实现公司目标的动力。

为了实现年度预算目标，公司必须在中期了解预算的进度，并考虑到预算年度剩余的时间。

(4) 指定预算负责人员

在没有预算负责人员的情况下，进度管理是无效的。公司必须为每个预算管理单位指定一个行政人员来负责。负责的行政人员应该被授予达到目标所需的权力。预算行政人员将激励其他经理及其下属实现目标。公司可将参与的各员工评估表跟成功达成目标做个联系。公司可以致力于引入目标管理系统作为定义个别员工责任的一种方式。此外，这也可以用来增强他们的动力。应注意以下所列的几点来介绍这个系统。

（ⅰ）首先，评估的优先标准是针对个人的目标实现。目标设定为第二。

（ⅱ）其二，公司的管理层必须制定自己的目标。他们必须致力于实现上述目标并将其公开给组织内的工作人员。

18. 分析预算与实际结果之间的差异

对预算与实际结果之间的差异进行分析是预算控制所需。差异可以引起有利或不利的作用。公司需要了解导致差异的原因。在某些情况下，有利的差异可能不是由经营业务所得而是由偶然因素所引起的。如果不利而并非偶然，公司必须考虑采取对策缩小差距。

差异分析有助于改进公司业务运作。而且，这对评估管理层的绩效也会有所帮助。

如果预算没有实现，差异分析有助于识别是哪一位员工的责任并将其与绩效评估联系起来。如果分析结果显示那些项目是明年的目标，那么应该在明年的预算中反映出来。会计和财务部门不应对预算与实际结果的月度差异分析报告感到"满意"。有几项重要的事情需要了解：(1)目前的绩效；

(2)每个季度（或上半年）的预测结果；(3)未达成目标的原因，如有；(4)将目标财务数据与备份数据一起呈上给最高决策机构进行讨论如何实现目标。

[形式的例子]

预算与实际结果

产品名称	销售			销售毛利			普通销售与一般行政费用			经营盈利		
	预算	实际	差异	预算	实际	差异	预算	实际	差异	预算	实际	差异
○○○												
×××												
△△△												
总额												

　差异的原因
· 　销售
· 　普通出售与行政费用

滚动预测

正常预算是一年一度并耗费大量的时间制定的。由于近年来经营环境迅速起了变化，制定的预算可能在短时间内变得不合时宜。因此，有些公司，主要是外资公司，采用了滚动预算方式。这是用于定时提升预测的准确性的一种预测方式。相较与正常预算，公司更能够控制滚动预测以及不受到预算的约束。

一般滚动预测按季度进行。它更准确的反映出现况的信息。它的好处是可灵活的随着经营环境的变化而作出反应。

滚动预测能使公司更连续的控制业务营运，无须受到一整年的约束。外资公司的会计与财务部以制定预测为优先。它们有财务规划与分析职能为专属部门。

 实践小贴士！

通过中期和长期计划保持一致来创建预算。分析预算与实际结果之间的差异有助于管理。

参考题目

第十章

第一题

由上而下的预算设定方式反映了管理层的决策，由于管理层为公司设定目标以及将其转化为中层管理人员和运营级员工要实现的具体目标。

以下哪项是由上而下方法的预算设定的益处？

√表示正确，X表示错误：

（　） 因为决策和预算编制完成的时间很接近，公司可以快速的制定预算目标。

（　） 因为管理层将总预算划分为个别预算，整体上公司可以按照比例设置预算。

（　） 由于负责管理的员工明白设定预算的情况，因此该部门可以设置一份更实际的预算。

（　） 由于预算认可员工提供的意见，这将提升实现目标的积极性。

（　） 因为预算反映管理层与各部门的用意，这将会是平衡的。

第二题

预算由下而上方式的设置能够肯定操作层面的员工意见。换言之，它是从底层建立起来，并将每个阶层的预算整合到公司整体预算中。

以下哪一项是预算设定的由下而上方式的弊端？

√表示正确，X表示错误：

（　） 管理层可能会不考虑到实际情况而设定一份不切实际的预算。

（　） 有时，由于预算并不考虑到员工的观点，可能会减弱员工达成目标的动力。

（　） 有时，由于员工并未真正参与编制预算，他们可能不会全力以赴达成目标。

（　） 有时，预算是根据员工的过往经历设定并有比较低的目标导向性。因此，员工可能设置容易实现的预算。

（　） 当整合工作没有顺利完成，预算会欠缺整体平衡感。

（　） 如果管理层与各部门的协调并没有顺利进行，之间可能会出现摩擦。

第三题

预算设置的折衷方式结合了由上而下和由下而上的预算方式，管理层通过管理决策过程设定预算政策以及各部门制定预算，并将其集成到公司级预算中。

以下哪项是折衷方式在预算设定方面的优势？

√表示正确，X表示错误：

（　）　因为决策和预算编制完成的时间很接近，公司可以快速的制定预算目标。

（　）　因为管理层将总预算划分为个别预算，整体上公司可以按照比例设置预算。

（　）　由于负责管理的员工明白设定预算的情况，因此该部门可以设置一份更实际的预算。

（　）　由于预算认可员工提供的意见，这将提升实现目标的积极性。

（　）　因为预算反映管理层与各部门的用意，这将会是平衡的。

第四题

以下哪项是预算设定的折衷方式的弊端？

√表示正确，X表示错误：

（　）　管理层可能会不考虑到实际情况而设定一份不切实际的预算。

（　）　有时，由于预算并不考虑到员工的观点，可能会减弱员工达成目标的动力。

（　）　有时，由于员工并未真正参与编制预算，他们可能不会全力以赴达成目标。

（　）　有时，预算是根据员工的过往经历制定并有比较低的目标导向性。因此，员工可能设置容易实现的预算。

（　）　当整合工作没有顺利完成，预算会欠缺整体平衡感。

（　）　如果管理层与各部门的协调并没有顺利进行，之间可能会出现摩擦。

（　）　当管理层与每个部门之间进行协调时，可能会产生摩擦。

第五题

预算控制需要分析预算与实际结果之间的差异，并了解导致差异的原因。

以下哪一项是差异分析的益处？

√表示正确，X表示错误：

（　）　有助于改进公司业务运作。

（　）　满足内部和外部审计师的要求。

（　）　有助于评估管理层的绩效。

（　）　有助于识别是哪一位员工的责任并将其与绩效评估联系起来。

（　）　有助于下一个财政年度预算和目标设定。

第十一章 现金与银行业务管控

由于该金融工具的性质，现金和银行账户可能存有欺诈和错账的高风险。为了防止欺诈例如贪污或挪用现金，公司必须对现金和银行账户处理进行适当的管制。

流程

现金和银行账户管制活动可分为以下几种类型：

· 银行存款和提款：使用银行账户控制存款和取款。

· 支票：账户持有方（付款方）以书面形式指示银行该付给文件上的受益方（收款方）一定的金额。

· 小额现金管制：利用小额现金系统的方式管制手头现金。

· 现金和银行账户管制：管制手头现金结存余额，银行存款和约当现金。

1. 银行存款和取款

(1) 通过银行转账或银行存款接收资金

直到最近，来自客户的现金和支票支付一直是商业界的主流，然而这易导致欺诈和错账的风险。目前，由于互联网或封闭式网络的电子银行的不断发展，例如日本的全国银行网，美国的联邦储备系统系统或运用于不同国家的国际银行金融通信协会网络，许多公司直接通过银行转账从供应商接收付款。会计或财务部需要确认银行账户中信贷交易的金额和原因并适当地进行记录。

关键词

银行转账：银行转账过程中，资金将从付款方的账户转移到收款方的账户。电汇和自动化票据交换所是典型的银行转账类型。使用电汇，收款方在同一天内可获得该款项。而对于自动化票据交换所，需要一到两天才能获得该款项。银行转账方式：与银行签订网上银行协议，通过互联网连接终端进行银行转账。这种类型的电子资金转帐可以使用专用通信网络或互联网。

【银行票据确认流程】

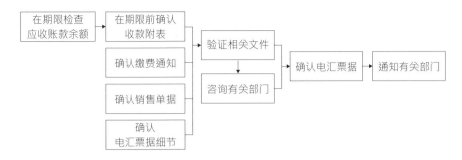

(2)　通过银行转账付款

除了依然广泛使用支票的国家以外，大部分的公司都通过银行转账支付款项。在收到主管部门的付款请求后，会计或财务部需要验证资金是否充足，根据请求执行付款并将其记录在会计账簿中。对于电子支付系统，通常在付款完成之前经由人工或电子方式对采购订单，收据和发票（三方配对）进行核对。

(3)　支票付款

在付款方签发支票并发送给收款方后，收款方将款项存入银行账户中。随后，这些支票通常通过票据交换所操作返回给发行银行以验证付款方的1）授权签名，和2）资金是否充足。在两者还没得到发行银行的确认之前，支票上的金额不会记入付款人的银行账户中。因此，付款人的账簿与银行对账单之间的银行账户余额通常存有差异，这是因为付款人通常在支票发行时将款项记入银行分类账的账户中。

关键词

付款验证：收到付款申请后，会计检查收款人相关文件的内容是否适当，金额，计价日期，方式，分类帐和其他详细信息，并执行方案。

【确认付款流程】

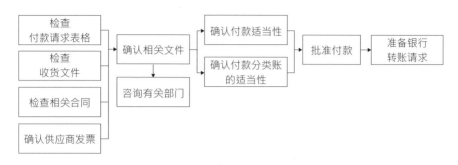

【银行转账执行流程】

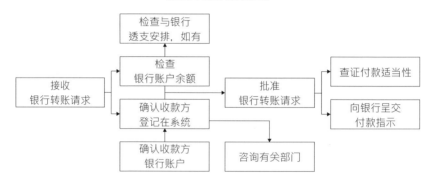

2. 小额现金管制

在原则上, 支付程序是通过会计或财务部执行。随着公司规模的扩大, 总部处理所有付款会导致低效率。在这般情况下, 公司可以将小额支出或日常开支需求转移到特定区, 部门, 分支机构或工厂。公司可以利用小额现金预先提供现金给负责方。

近期, 为了将欺诈风险降至最低并加强内部控制, 有一些公司废除了小额现金系统。

(1) 检查会计或财务部的补充申请

会计或财务部收到现金补充申请并审查费用项目的适当性。部门需要检查手头的小额现金余额, 并与收据上的金额相加, 确定总额是否与定额备用一致。然后, 会计／财务部进行补充并且将已支付的小额现金记录在会计账簿。

(2)　小额现金负责部门的责任

小额现金的操作以定额备用金为基础，由一位员工——小额现金托管人——负责这个储备金。

部门的小额现金托管人负责呈交一份补充简介（费用简介），附加必要的正式收据，消费发票与其他文件以及补充小额现金申请给会计／财务部。由于现金容易被盗窃，应该存放在保险箱及有安全措施限制存取，并购买失窃保险。保险也延伸至涵盖现金收款和银行存入的过程。

【补充小额现金流程】

> **关键词**
>
> 小额现金管理系统有两种管制方式："**现金预付系统（定额备用系统）**"和"**按照需求供应系统**"。
>
> (i)**定额备用系统**：各部门或分支机构管制小额现金的负责人为预付款项预备小额现金的定额。根据付款报告与其他报告，负责人准备一份期间交易报告发送给总公司的会计和财政部。负责人也需要申请补充花费把金额调回到原来的数目。通过此方式，补充的金额与相关文件核对变得简单。小额现金负责人准备的报告会帮助减轻会计与财政部的工作量。由于这些原因，定额备用系统在现实中是广泛采用的系统。
>
> (ii)**按照需求供应系统**：这个方式按照各部门或分支的需求提供小额现金。在这个方式之下，小额现金的负责人手上持有的现金余额会不断波动，并且报告时期不定时。相对于定额备用系统，这个管制方式的效率会比较低。

3．现金和存款余额管制

(1) 现金余额管制

当从客户处收取现金时，负责人应每天更新现金账簿，并将现有现金余额与现金账簿余额进行对比。负责人应列出手头现金的面额。如果存在差异，负责人必须按照以下方式查明其中的原因：

· 将现金簿与日记账凭单，客户的应收账款分类账和供应商的应付账款分类账进行对比。

· 将日记账凭证与客户收据进行对比。

· 检查任何没有凭证情况下的现金进出交易。

【对比现金余额流程】

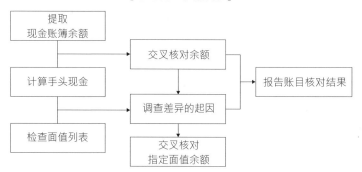

(2) 银行存款余额管理

(ⅰ) 负责人按照银行提供的文件，没有任何遗漏或错误地记录在公司银行账户存款分类账中的所有借记和贷记交易。

(ⅱ) 负责人需要创建银行存款调节报告，将银行账单的余额与每个银行账户的银行存款分类账进行交叉核对，并定期调查差异起因。此外，在财政年度末，需要获取每个金融机构的账户余额报表。

(ⅲ) 需要检查每个银行账户的使用情况，并且需要定期评估每个账户的必要性。若存有任何不必要的账户，公司必须在考虑维护成本和与金融机构的关系后决定关闭或合并账户。

关键词

银行调节报告：原则上，银行存款的余额和账簿的余额应保持一致，但基于种种原因存在不符情况。公司应该为往来账户进行定期审查。公司必须在指定日期从银行获取往来账户的报表，并确认其与往来账户分类账余额的一致性。如果存有任何差异，有必要调查差异的原因并进行适当的更改。这应该记录在银行存款调节报告中。差异的四个常见原因如以下所列：

1. 银行已记录收到现金，而公司尚未记录。

（示例）　银行已收到款项，但公司尚未收到任何银行的通知。

2. 银行已经记录了现金的支付情况，但该公司尚未记录。

（示例）　付款是通过自动提款系统进行的，但公司尚未收到任何银行的通知。

3. 银行没有记录收到现金，而公司已经记录了。

（示例）　在银行营业时间之后进行存款或者是未收到的支票。

4. 银行没有记录支付款项，而公司已经记录了款项。

（示例）　支票已经发出但尚未结算或尚未由收款方存入。

【银行余额调节流程】

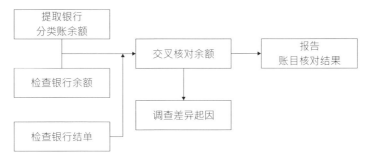

内部控制要点

为了设计和开发有效和高效率的内部控制系统，公司应考虑将特雷德韦赞助组织委员会的内部控制 — 综合框架作为指导。这是国际上广泛接受的内部控制标准。这个框架经常用于监管内部控制报告，例如美国上市公司需遵循的萨班斯－奥克斯利法案（SOX）第404条，和相当于日本的萨班斯－奥克斯利法案JSOX。

根据框架，内部控制包含五个综合部分：

· 监控环境
· 风险评估
· 监控活动
· 资讯和沟通
· 监测活动

以下是每个内部组成部分该注意的事项。

1．监控环境

(1) 禁止混合公司和个人资金

在小公司中，公司所有者的现金和公司持有的现金可能混在一起管理。将公司和个人资金分开管理是必要的。

(2) 建立权力矩阵和监控现金政策

公司必须通过制定手册和实施规则，为现金收款人（出纳员）明确规定职能权限和工作流程。

2．风险评估

(1) 监控现金的风险评估

以下是存款和提取现金涉及的风险。

· 现金短缺／超额
· 重复付款
· 伪造收据窃取金额
· 挪用现金或存款
· 与供应商合谋进行虚假交易处理发票付款
· 通过发出虚构或未经授权的支票挪用公款

(2) 减轻现金管制风险

(i) 职责分离和交叉验证

为了施行内部控制，公司应该为每个资产，例如现金的审批人，记录员和托管人的责任进行职责分离。作为现金托管人，出纳员不得参与以下业务。

· 付款或付款批准
· 发出发票

- 应收账款／应付账款管理
- 记录现金账簿

(ii)　严格监控收据

与现金管制一样，公司必须分离托管人，发行人和审批人的职责来管理正式收据。一位出纳员或会计／财务部门人员负责保管未使用的正式收据。在有必要的情况下，任职者会将收据发给销售部门。收据按照序列号管理，并创建分类帐。另外，取消的收据必须在适当的管理下保留，而不是随意丢弃。此外，托管人必须在正式收据上加盖授权审批人的签名。

为了以防止任何欺诈活动，公司应该提供给大客户一份有授权审批人签名的签名卡。

3．监控活动

(1)　制定现金收付和支付手册并强制实施

对于未包含在法规中的操作程序，公司必须准备工作手册并确保按照手册完成工作。

(2)　定期轮换处理现金的人员

如果同一个人长期负责处理现金，会造成容易发生欺诈和贪污的环境。因此，强烈建议公司定期更换和轮换负责人。

4．资讯和沟通

如果发生与现金有关的事件，应立即采取行动解决问题。公司必须确保在紧急情况下提供通信设备。

(1)　建议使用银行转账（电汇，自动化票据交换所等）

在防止欺诈或未经授权的行为方面，最好的政策是从现金支付或收款方式或支票付款转为银行转账。由于银行可即时提供交易记录，还能够提升会计效率。

(2)　网上银行密码的保管

网上银行的使用促进了现金管理活动的效率。另一方面，会计系统可能会遭受诸如网络钓鱼和黑客入侵等恶意行为的内在风险。公司必须妥善保管密码和其他重要信息，对用户使用系统和账户实施适当的限制，并实施定期和强制性的密码更改。

5．监测活动

⑴ 将现金和银行存款余额与分类账余额对比并进行现金盘点

一位不负责处理现金的员工应该交叉核对现金和分类账余额中的存款余额。任职者应该定期进行现金盘点。这有助于防止任何欺诈或未经授权的行为。

⑵ 审查已登记的受款人（供应商）

在网上银行和企业银行业务中，需要提前登记收款人（供应商）的账户信息。我们强烈建议公司对已登记的受款人名单定期进行审查。公司必须审查不活跃并删除不必要的收款人，同时确保定时更新收款人列表。不定时的审查列表以检查是否有任何未知或可疑的收款人也是非常重要的。

 实践小贴士！

处理现金和存款时涉及很多欺诈风险。因此，公司有必要建立严格的监控现金制度。将现金存放在公司外部会提高会计业务的效率并加强内部控制。

参考题目

第十一章

第一题

为设计和开发有效和高效率的内部控制系统，公司应考虑采用在美国建立并在国际上广泛接受的特雷德韦赞助组织委员会的框架。在特雷德韦赞助组织委员会的框架中，分别的五个综合组成部分是什么？

√表示正确，X表示错误：

（　　）　遵守会计准则

（　　）　监控活动

（　　）　监控环境

（　　）　企业社会责任

（　　）　人工资本发展

（　　）　资讯与沟通

（　　）　监测活动

（　　）　风险评估

第二题

在特雷德韦赞助组织委员会框架里，以下所述该注意的事项是五个组成部分中的哪一个？

(1)　禁止混合公司和个人资金

(2)　建立权力矩阵和现金控制政策

答案：_____

第三题

在特雷德韦赞助组织委员会的框架里，以下所述该注意的事项的是五个组成部分其中的哪一个？

(1)　监控现金的风险评估

(2)　减轻现金管制风险

答案：_____

第四题

　　在特雷德韦赞助组织委员会的框架里，以下所述该注意的事项的是五个组成部分其中的哪一个？

(1)　制定现金收付和执行手册并强制实施

(2)　定期轮换处理现金的人员

答案：_____

第五题

　　在特雷德韦赞助组织委员会的框架里，以下所述该注意的事项的是五个组成部分其中的哪一个？

(1)　将现金和银行存款余额与分类账余额对比并进行现金盘点

(2)　审核已登记的受款人（供应商）

答案：_____

第六题

　　在特雷德韦赞助组织委员会的框架里，五个组成部分的其中哪一个依照以下所述的情况？

(1)　建议使用银行转账（电汇，自动化票据交换所等）

(2)　网上银行密码的保管

答案：_____

第十二章 应付贷款管理

在企业管理中，贷款是最常见的融资方式。以下图表是典型融资方式的比较：增加资本，发行公司债券和贷款。贷款的特征是程序简单和利息费用可扣税。

【增资，公司债券和贷款的特点比较】

	还债责任	投票权	是否需要抵押品	利息是否可扣税	其他特点
增资	无	（股东）拥有投票权	不需要	不可	· 可以提升资本权益。增加的稳定性高可以提升银行对公司的信贷评级。
公司债券	有	（债券持有人）没有投票权	通常不需要	有	· 多数是一次型偿还债券。
贷款	有	（债权人）没有投票权	通常需要	有	· 程序简单迅速。 · 如果公司与银行保持良好关系，就算步入经济衰退期也可申请贷款 · 分期付款是很普遍的。

来源：日本经济产业省"区域金融人力资源计划教材"。

银行以往在房地产和其他房地产贷款融资方面采用"抵押保证"的政策（尤其是在日本）。在日本的经济泡沫爆破以后，金融机构的审视已被"财务报表评估"政策所取代。这是为了回应金融政策的变更，例如加强国际清算银行的规定（请参阅以下关键词的章节）以引进即时纠正行动，和财务检查及自我评估的财务检查手册。

银行根据财务数据审核贷款人，将重点放在财务报表。随后，银行进行信用评级。现在，这些新做法强烈影响贷款条件，例如利率。因此，会计与财务部里贷款的负责人必须拥有了解财务检查手册内容的能力，能够分析公司财务数据并向金融机构解说。

近年来，在财务金融机构里，投资者关系对于股东而言变得更为重要。它也被指为债务投资者关系。投资者关系是指公司为股东以及投资者提供关于金融信息的活动，例如财务状况。金融机构是评估公司信用度以及"稳定性"的专家。公司可以透露有关"安全性"的资讯而得到更有利的贷款条件。公司应该与金融机构保持良好沟通。

关键词

国际清算银行规定：指为国际业务而设的国际统一的银行资本充足比率制度。它也被称为巴塞尔协议。在国际清算银行规定里，计算资本充足比率（用于贷款信用风险等），最低标准（8％以上）等的方法是为十国集团建立的。不能达到8％资本充足比率的银行被迫实质上撤出国际业务。在以往的巴塞尔条例，2004年出版的巴塞尔协定二中，规定银行提升贷款的质量。这确保适当的根据公司信用度包括信贷评价而进行的贷款数目管理。此外，虽然资本充足比率的最低标准维持在8％，风险范围扩大到三方面：信用风险，市场风险和业务操作风险。在雷曼冲击之后，2010年出版的巴塞尔协定三，规定金融机构进一步审查权益资本的数量与质量。

及时采取纠正行动：为了防止金融机构倒闭，在早期阶段应确保妥善管理，金融厅规定对低于资本充足比率标准的金融机构应及时采取纠正行动来改善业务运作（日本金融厅）。

财务检查：金融厅检阅各金融机构是否妥当地进行自我评估。在原则上，金融机构可以凭各自的商业判断来决定为任何公司提供资金。通过检查揭露不良贷款的实际情况，金融厅为金融机构的存款人提供保障并且稳定金融体系。财务检查手册为检查员提供进行财务检查的指引。手册在1999年由金融监理局（目前为金融厅）出版并不时作出修订（日本金融厅）。

自我评估：金融机构评估和分析自己的资产，例如机构持有的贷款和证券。他们根据亏损的机率分类以及归类。通过妥善分配折旧和拨备，公司可以准确地计算资本充足比率，并可以准备适当的财务报表。

1. 贷款类别

一般而言，金融机构的贷款有如下几种类型：

(1) 契据抵押贷款

这类贷款创建契约或贷款协定以作为贷款的书面证据。贷款条件会在契约里具体列明。通常，契据抵押贷款是用于跨越至少一年的长期贷款。贷款的目的为房地产，设备，营运资金和其他基金的投资。

(2)　票据贷款

借款人开出一份有利于金融机构的票据作为贷款文件证明。票据的到款期通常是少于一年的短暂期间，例如一个月，三个月，六个月等。它主要用于营运资金。通常，借款人与金融机构之间会签署一份"银行交易合同"。

(3)　票据贴现

借款人在商业交易中收到的商业票据由金融机构折现与兑现。借款人在票据到期日与金融机构进行结算。通常，票据会在从提款日期起的一个月至数月的期间内结算。贷款是用于短期营运资金。

(4)　透支

透支是根据与金融机构的"透支协议"设定贷款限额的一种贷款。它将会在贷款限额内循环使用。然而就算支票账户余额成为负数，金融机构仍会允许付款至制定的限额。透支能实现高效率融资，并快捷地提供营运资金。

以上四种是常用的贷款类型。近年来，也有以下的贷款类型。

(5)　承诺信贷额

承诺信贷额度是金融机构为有业务关系的公司设立的贷款限额。这个系统允许金融机构提前与公司客户商议最高贷款限额。它可在特定的时段内无需进行任何审查为他们提供限额内的资金。

在1999年制定的"特定融资额度契约法律"给予金融机构在设置承诺费与扩大承诺信贷额方面更大的自由度。

承诺信贷额的效益如下：
- 需要融资的公司：公司可以无需经过任何金融机构的审查获得快速融资。同时，它也可以通过降低流动资产精简公司的资产负债表。
- 金融机构：除了正常利率以外，金融机构可以依照公司的贷款限额数目收取合同费或者承诺费。因此，金融机构的收费业务可增加。承诺信贷额的合同采用以下两种方式进行：
(i)　**双边系统（相对类型）**：与个别金融机构一对一达成承诺信贷额的方式。
(ii)　**银团系统（合作类型）**：在相同的条件下，根据单一协议与多家金融机构和一位安排人（作为中央协调金融机构）达成承诺信贷额的方式。

(6) 银团贷款（共同融资）

银团贷款是在相同的条件下拥有巨大融资需求的贷款。它们是基于由银团金融组织举办并与多家金融机构合作的单一的协议。具体而言，中央协调金融机构（一个牵头银行），作为安排人，设定利率以及贷款期限。他们通过与参与融资的公司协调和与多家金融机构共同融资而完成这项目标。

银团贷款的益处如下：

· 需要融资的公司，无需依赖总银行，公司可以筹集一笔大额的现金。这可以提高成本效率，尤其是交易成本，包括协商和行政工作，都由安排人承担。
· 金融机构：金融机构可以将坏账风险分散。除了贷款利率之外，中央协调银行（一个牵头银行）可获取费用收入，例如安排费（佣金成分）和代理费。在这个方式下，银团贷款就具有了以"可市场化"为特征的直接融资和以"灵活性"为特征的间接融资相结合的技术特点。因此，这种贷款也被称为"市场为导向的间接融资"。

2．金融机构类型

城市（或主要）银行，区域银行，第二区域银行，信用联盟，信用协会，合作协会和政府附属金融机构都是金融机构，可以在日本担当贷款机构。

以下陈述是每个金融机构的特点。

(1) 城市（或主要）银行

城市银行在全国各地都设立分行，并为当地客户提供便利的服务。贷款政策一般难以按照各别区域的情况做精细调整。

他们提供定型／标准的贷款产品，尤其是给中小型企业。对于非标准产品，信贷评级是最优先考虑因素。客户必须改善他们的金融等级以便利用城市银行的产品。

(2) 区域银行与第二区域银行

区域银行在特定区域内运营。它们应该为社区作出贡献（关系银行业务）。对于在该区域具有重要地位的工业和公司，区域银行不单凭它们的财务报表进行评估。它们也检查这些公司为区域提供的支持与帮助。因此，在贷款方面，这些公司对区域的贡献应与银行利益一致。

(3)　信用联盟／信用协会／合作协会

这些是以会员或联盟会员互助为目的的金融机构。其会员可以得到完善的服务。一般而言，相较于在(1)和(2)中所提到的那些金融机构它们的贷款条件比较差。

(4)　政府附属金融机构

政府附属金融机构主要给一些私人金融机构难以提供服务的领域提供贷款服务。特别在为创业提供融资和支持公司转型计划方面，全面建立了支持方案。相对于其他的金融机构，政府附属金融机构采用低利率，并更多使用固定利率。因此，借款方会得到有利的条件。另一方面，与私人金融机构相比他们的制度比较不灵活。

流程

应付贷款管理可以分为两个主要阶段。(1)"贷款执行"，是在正式贷款申请之前审阅贷款方案的阶段。(2)"未偿还贷款管理"，是在贷款执行之后的阶段。

1. 贷款执行

检阅贷款方案　→　签订贷款协议　→　执行贷款

(1)　检阅贷款方案（考虑贷款条件）

在资金贷款中，申请人必须先考虑到贷款的条款与条件（贷款条件或贷款需求）。在理想的情况下，申请人需要根据现金流量和现金流量分析等决定以下的条件。

· 贷款数额：借款数目是多少？

· 贷款类型：票据贷款，契据抵押贷款，票据贴现或透支？

· 贷款期限：何时偿还？

· 贷款日期：何时借款？

· 贷款利率：利率应是多少？利率通常是通过在市场利率之上增加固定附加率（金融机构额外收取的利率）决定，由金融机构决定附加利率。

· 偿还本金与利息方式：分几期才能把债务还清？

· 抵押品：提供什么作为抵押品？

【贷款条件验证流程】

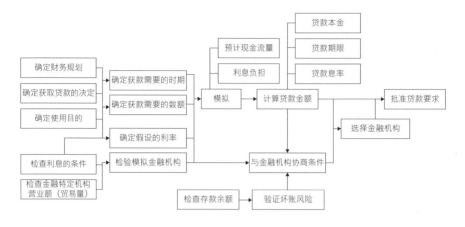

偿还期与利率类型

偿还期超过一年分类为长期贷款。而低于一年的偿还期会被分类为短期贷款（附注1）。利率如以下所述：

· **长期浮动利率**：长期优惠利率＋利差
· **长期固定利率**：在借款时根据长期利率确定：掉期率
· **短期利率**：短期优惠利率＋利差
· **短期利率**：市场利率（LIBOR／TIBOR）（附注二）＋利差

依降序排列，利率水平通常如以下所述：长期优惠利率，短期优惠利率，市场利率。利率与利差取决于借款人和金融机构之间的权利关系。金融机构借款能力也是利率差异的一种要因。

（附注一） 长期与短期贷款：在会计中，当偿还期离资产负债表日期超过一年时，长期应付债款以非流动负债项目在资产负债表中披露。然而，当偿还期离资产负债表日期不超过一年，短期应付债款以流动负债项目在资产负债表中披露。

（附注二）

· **LIBOR表示伦敦银行同业拆息。** 它是用于资金成本的国际参考以及融资成本的指标。
· **TIBOR表示东京银行同业拆息。**

(2)　签订贷款协议

一旦贷款条件确定之后，借款人将与贷款人签订一份贷款协议。

(3)　执行贷款

签订贷款协议后，金融机构将贷款资金转入公司的账户。

２．贷款管理

借款后，公司必须进行未偿还贷款管理来处理贷款偿还。

(1)　贷款利息管理

借款后，公司确认贷款条件，准备贷款利息支付表并进行支付管理。这确保依照贷款协议不会发生延迟付款。

利息计算方式

利息计算方式如下：

利息＝[本金]×[利率]×[贷款天数]÷365天

- **贷款天数**：这包括算头不算尾或算尾不算头，或算尾又算头。

  "算头不算尾或算尾不算头" 是贷款天数中把贷款日期或还款日期排除在外的方式。

  "算头又算尾" 是在贷款天数中包括贷款日期和还款日期的方式。

- **分母**：一般为365天。如果用于伦敦银行同业拆息，则为360天。有时候在贷款协议中将特别规定。

---

(2)　未偿还贷款管理

公司确认贷款条件，准备贷款分类账，并根据贷款支付表管理付款。贷款支付表应符合贷款协议。在财政年度结束时，有必要从借款人处取得账目报表并将未结余额与公司的记录进行核对。

【贷款分类账管理流程】

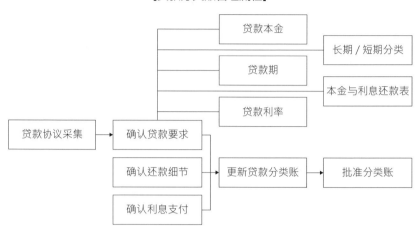

【验证余额流程】

(3) 偿还贷款

根据贷款协议，公司需要确认还款日期和还款数目。如果有抵押品，还有必要取消抵押品的登记。本金还款方式有两种：(1)一次性还款－还款到期日一次全数付款(2)分期还款－在固定的期间采用分期方式偿还贷款直到还款到期日。分期还款方式进一步分为：(a)年金偿还（以等额本金和利息还款方式）；(b)等额本金还款。公司应考虑把公司的现金流量列入考量中而决定采用哪一种方式。

年金偿还
特征：本金与利息合并在一起以确保每一期的还款数目相同。本金会随着利息的下降成反比。

等额本金还款
特征：当贷款余额下降，利息也会随着下降。本金部分是以等额还款。（固定数目）

内部控制要点

1．监控环境

公司应确定跟贷款有关的经理和负责人的权利范围，并制定业务程序。这是通过制定职能规则和条例而实现的。根据日本公司法，"大量债务（贷款等）"需要经过董事会决议。公司规则和条例厘定金额上限需要由董事会决议。公司必须根据规则和条例为不需要进行董事会决议案的小额数目成立一个审批权限。此外，更改贷款条件需要取得有关当局的批准。

2．风险评估

贷款风险评估主要如以下列出。

(1) 延迟偿还本金和利息可能导致罚款而需要付逾期付款利息的风险。在最坏的情况下，信用声誉不佳将导致公司往后可能无法借款。

→ 风险回应：定期审查贷款分类帐，以避免忽略还款日期的情况出现。彻底管理付款表和其他的文件。

(2) 若利率未来上升，浮动利率会带来风险。

→ 风险回应：根据有关贷款的条例或业务手册，采取任何对策来将浮动利率固定，包括订立一份掉期利率合约。此外，将职能分离，以确保定期监督利率。

(3) 与契诺发生冲突的风险。

财务契诺是贷款人要求借款人在贷款期间维持在银行里的某些财务比率或一定的现金余额。

→ 风险回应：建立一个程序确保负责银行行政的员工定期检查财务比率或账户余额是否可以满足财务契诺。

3．监控活动

(1) 制定应付贷款管理手册和管理应用／合规性

为了制定其他规则和条例，包括未在法规中包含的操作程序，公司应准备工作手册以及确保按照手册完成工作。

(2) 定期轮换负责人

管理层应通过将负责人转移或把他调动到其他部门而定期轮换负责人。

4．信息和沟通

公司必须确保定期向会计和财务部提供有关新贷款合同，合同续签和其他文件的信息。必须建立一个报告系统以便主管可以监督这些信息。

5．监　　控

在工作场所，管理层必须彻底将贷款分类账和每本账簿的记录进行交叉核对，并应该定期从贷款人取得余额证明并核实余额。

6．信息科技

强烈建议公司使用软件来管理贷款分类账。公司尽量使用自动计算利息的工具以免任何计算错误。只有负责人才能存取软件系统，该负责人的主管应定期检查负责人的工作。公司必须经常更换密码。

实践小贴士！

· 公司必须定期与金融机构保持良好的沟通并向他们披露任何必要的信息。如此，公司可以随时以低利率筹集所需的资金。

· 公司必须通过使用分类账和其他文件管理贷款余额，以确保不会出现延迟偿还借款的本金和利息的情况。

· 公司与公司高级职员或员工进行贷款交易是强烈不鼓励的。实际上，这在许多国家是不可许的，因此请与总公司确认任何此类的交易。

参考题目

第十二章

应付贷款管理可以分为两个阶段：

第一阶段：贷款执行，这是在实际贷款申请前审查贷款方案的阶段。

第二阶段：未偿还贷款管理是执行贷款之后的阶段。

第一题

在第一阶段里，关于验证贷款条件流程的主要内部监控如以下所述（无方向箭头）。请通过描画方向箭头来展示您对流程的理解。

【验证贷款条件流程】

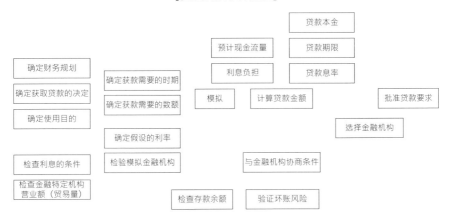

第二题

在第二阶段里，如以下所述关于(i)贷款分类账管理流程　和(ii)验证余额流程（无方向箭头）对于未偿还贷款管理流程的主要内部监控。请通过描画方向箭头来展示您对流程的理解。

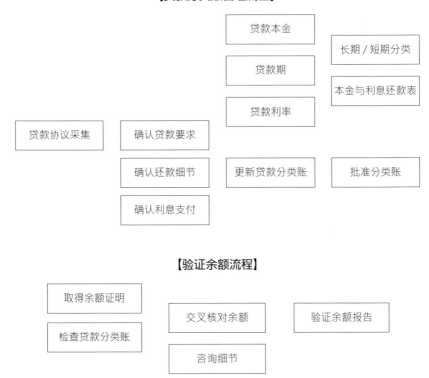

【贷款分类账管理流程】

贷款本金

长期 / 短期分类

贷款期

本金与利息还款表

贷款利率

贷款协议采集　　确认贷款要求

确认还款细节　　更新贷款分类账　　批准分类账

确认利息支付

【验证余额流程】

取得余额证明

交叉核对余额　　验证余额报告

检查贷款分类账

咨询细节

第三题

对风险进行自我评估是一项良好实践，也推荐在应付贷款管理中使用。

以下的哪一项不是贷款风险评估的主要问题？

√表示正确，X表示错误：

（　）　定期审查贷款分类帐，以免忽略还款日期的情况出现。

（　）　根据有关贷款的条例或业务手册，采取任何对策来将浮动利率固定，包括订立一份掉期利率合约。

（　）　建立一个程序确保负责银行行政的员工定期检查财务比率或账户余额是否可以满足财务契诺。

（　）　分析金融机构的财务报表。

第四题

以下的哪一项是适当于应付贷款管理的监控活动？

√表示正确，X表示错误：

（　　）　公司应制定应付贷款管理手册和管理应用／合规手册，以及准备工作手册以及确保按照手册完成工作。

（　　）　公司应该将负责人转移或把他调动到其他部门而定期轮换负责人。

（　　）　公司不应该调动应付贷款的负责人，否则新上任的负责人可能不清楚贷款历史与风险。

第十三章　外汇交易管理

如果公司有进出口交易，在业务中接触到外币是不可或缺的业务流程。这些交易容易遭受到汇率波动的影响。以外币计价的应收账款和应付账款的管理变得很重要，因为它可能影响利润。如果公司管理的资金运用到外币存款和外国债券，或者如果其融资是以外币进行的，管理层必须考虑如何减少受货币波动的影响。

1．什么是外汇交易？

外汇交易是在交换两种以上的不同货币时，涉及两方以上不同国家之间的国际交易结算的方式。这可以以银行电子支付来完成，无需直接兑换现金。外汇交易使得更多跨境证券交易能够实现。大多数国家的货币汇率取决于市场力量，这也被称为浮动市场。然而，仍有一些国家，例如中国，将本国国货币与主要货币，例如美元，进行挂钩。

2．外汇市场

银行进行外汇交易或利用外汇，可以通过经纪商或直接在银行间进行，这一般被称为银行同业市场。银行同业市场是外汇市场的批发市场。个人和公司在客户市场进行外汇交易，一般称之为零售外汇市场。

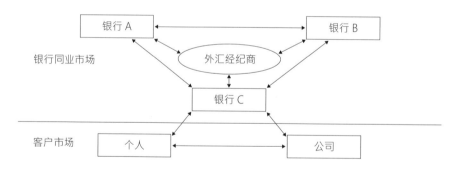

3．汇率

(1)　银行同业汇率和客户汇率

银行同业汇率是银行同业市场交易的汇率。客户汇率是零售外汇市场交易的汇率。客户汇率的中间汇率（介于买入汇率和卖出汇率之间）源自于银行同业汇率。中间价是买入汇率和卖出汇率的平均值。

(2)　买入汇率和卖出汇率

电汇卖出汇率是通过将一日元加到中间汇率计算得出。中间汇率是代表了费用，利息和利润的汇率。电汇买入汇率是从中间汇率中扣除一日元的汇率。"卖出"和"买入"这两个术语是从银行的观点所得。如果公司买美元，将使用电汇卖出汇率。如果它卖美元，将使用电汇买入汇率。

(3)　即期汇率和远期汇率

在银行同业市场，即期交易的交割日是交易合约执行日期后的两个营业日。适用于即期交易的外汇率称之为即期汇率。在另一方面，远期交易的交割日是三个或以上的营业日。适用于远期交易的汇率被称为远期汇率。在零售外汇市场，即期交易通常在签订合同时结算。

4．交易风险和对冲方式
(1)　汇率风险

公司的汇率风险分类为以下三种类型：

(i)　**结算风险**如果公司以外币（对应货币）而不是当地货币（基础货币）进行交易，汇率在结算期间可能会受到波动的影响。这种波动可以影响公司的现金流。比如，当出口公司签订合同，其中支付货币是美元。然而，日元随后在结算时升值。虽然美元的金额没有变，但收到的金额，当转换为日元，将会明显减少。这将降低出口价格。

(ii)　**折算风险**如果海外的附属公司使用当地货币记账，当财务报表必须与总公司合并时则会产生会计风险。在财政年度结束时，合并财务报表后，总公司需要将外币账户转换为当地货币（或功能货币）以用于法定报告目的。在此时会导致折算风险。选择汇率是非常关键的。定期平均汇率一般用于将海外附属公司的损益表转换为总公司货币。每份呈现的资产负债表中的资产和负债（包括比较表）均按资产负债表结算日的收市汇率折算。

(iii)　**经济风险**由于汇率波动而导致丧失国际竞争力的风险称之为经济风险。

(2)　外汇风险的对冲技巧

(i)　**为应收账款和应付账款选择相同的货币**比如，一个日本公司使用日元作为功能货币。以美元出口（应收账款为美元）和日元进口（应付账款为日元）。由于公司使用远期外汇头寸，合约期间将面临风险。当公司将出口货币从美元转换为日元或进口货币时从日元转换为美元，公司的远期外汇头寸会降低风险敞口，有助于降低外汇风险。

· **远期外汇头寸**：指公司以外币计值的资产（例如出口应收账款，外币存款）与以外币计值的负债（例如进口应付账款，外币借款）的差异。如果以外币计值的资产超过以外币计值的负债，是称之为多头头寸。另一方面，如果以外币计值的资产低于以外币计值的负债，则是称之为空头头寸。此外，轧平头寸是处于一个当流入和流出达到平衡并且完美地对冲的状态。

在多头头寸或空头头寸的情况下，公司会面临汇率风险。公司必须根据风险管理政策考虑措施以避免汇率风险。

(ii) **出口公司以外币融资** 对于出口公司，它的远期外汇头寸极有可能是在多头头寸。通过外币贷款或发行外币债券而获得融资可以减低远期外汇头寸。

(iii) **从出口转换为当地生产** 在出口方面，应收账款与销售会面临汇率风险。在当地生产中，这种风险会被消除。然而，汇率风险会转移到海外附属公司和联属公司的投资账户。这并不代表所有外汇风险都已彻底消除。

(iv) **金融衍生工具交易** 公司可以通过衍生金融工具的交易比如远期外汇合约对冲汇率风险。远期外汇合约是指在特定日期或未来一段时期内买和卖货币的合约。举例而言，公司以美元出口并同意将在三个月后收款。在这三个月的期间，外汇汇率可能会出现波动而导致基本货币的销售价值减少。一份远期销售合约可以使公司预先确定基本货币价值。因此，远期外汇合约是一种缓解汇率波动风险的方式。远期外汇合约是以协商为基础而进行的。

(v) **使用净额支付** 一般在海外拥有多家附属和联营公司的企业会互相进行一些交易。这是一个减低对冲交易和外汇风险的机会。例如，总公司可以集体管理以及不受约束的抵销公司集团之间的应收账款和应付账款。因此，只有外汇交易的净额需要使用对冲。

净额结算的益处
· 在交易方破产时，公司可以降低损失，因为应收账款金额会抵消应付金额。
· 公司可以减少交易佣金。
· 交易结算所需的资金会减少，实现有效资金管理。
· 与每项交易的结算相比，结算数量减少。减少行政工作而提升工作效率。
净额分类
根据结算方的数量（两方或三方以上），净额可以分为以下两种类型。

- **双边净额结算**：净额结算在两方之间进行。目的在于抵消公司之间的结算。
- **多边净额结算**：净额结算在三方以上之间进行。目的在于抵消集团旗下的公司或贸易伙伴公司之间的结算。随着资讯科技的发展，建立网络系统变得更简单，使多边净额结算的方式得以实现。

流程

外汇管理主要包括以下列出的任务：
- **外汇管理**：制定外汇政策，远期外汇头寸管理，远期外汇合约管理
- **期末评估**：评估以外币计值的应收账款和应付账款以及证券，远期外汇合约拨款等。
- **外汇存款管理**

1．外汇管理

(1)　制定外汇管理政策

在执行外币交易时，第一个步骤是确认公司风险管理的政策。公司必须制定对冲外汇风险的政策。

【风险管理政策的决策流程】

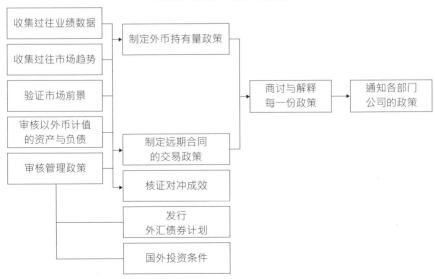

(2) 远期外汇头寸管理

A．外汇头寸的报告

公司必须了解远期外汇合约余额和以外币计值的应收账款和应付账款。之后，它必须按照公司风险管理政策反映汇率波动的风险而对远期外汇头寸编写一份报告。

B．分类账管理

公司必须准备以及更新远期外汇头寸分类账。

【报告外汇远期头寸的流程】

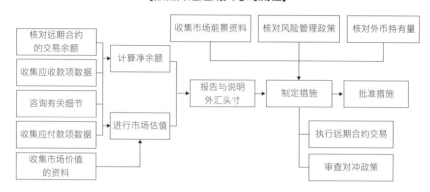

C．远期外汇合约管理

根据公司对冲外汇风险的政策，管理层必须预先获得批准，选择供应商，验证产品，审批合同。

公司确认交易条件，通知业务合伙人，行使权利，并在交易完成后将交易记录在会计账簿中。远期外汇合约分类账用于管理以上所述的交易。

2．期末评估

对于公司报告，公司需要检查以外币计值的应收账款和应付账款余额以及结算日的汇率。然后，完成期末评估。如果签订了远期外汇合约，公司需要确认对冲交易的有效性。

【估值与折算流程】

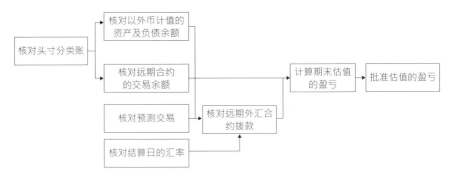

3．外币存款管理

如果公司想要设立外币存款，公司需要准备并管理外币存款分类账。这个过程在第十一章"现金和银行控制"中已进行进一步讨论。

实践小贴士！

· 公司为外汇头寸余额进行日常管理。

· 作为会计用途，在处理远期外汇合约和其他衍生工具交易时，公司应使用公平市场估值（独立处理）。只有按照套期保值会计准则时，才可进行延期对冲处理和拨款。

第十三章

第一题

以外币进行业务的公司会面临兑换率波动的风险。因此，管理以外币交易的应收账款和应付账款变得非常重要，因为它可以影响公司盈亏利润。

根据以下的描述，请列出外汇风险的类型。

a. _____ – 汇率在结算期间波动带来的影响

b. _____ – 如果海外的附属公司使用当地货币记账，当财务报表必须与总公司合并则会产生会计风险。

c. _____ – 当公司因为汇率出现波动而失去国际竞争力。

第二题

以下哪项是适当的外汇风险管理的对冲技巧？（可选择多过一项）

√表示正确：

（　）　为应收账款和应付账款选择使用相同的货币以减低汇率风险。

（　）　经营出口生意的公司应该通过筹集外币借款或发行外币债券降低外汇风险。

（　）　因为无法预测市场的走向，最好不做对冲。

（　）　考虑从出口转换为当地生产以减低外汇风险。

（　）　使用衍生交易工具例如远期交易合约以对冲外币风险。

（　）　当公司在海外拥有多家附属和联营公司以外币经营业务，使用净额支付减少头寸对冲的金额。

第三题

以下哪项是估值与折算流程里的步骤？（可选择一项以上）

√表示正确：

（　）　核对以外币计值的资产及负债余额

（　）　核对远期合约的交易余额

（　）　核对预测交易

（　）　核对结算日的汇率

（　）　不需要汇报

（　）　核对远期外汇合约拨款

（　）　计算期末估值的盈亏

（　）　批准估值的盈亏

第十四章　资金管理

资金是公司的血液和生命线。若一个人要保持健康，血液应该在身体的各部位里稳健地循环。同样，资金是公司和个别部门现行业务活动的关键因素。虽然公司在账面上显示利润，但没有现金流入最终可能导致公司破产。因此，会计和财务部门必须监测资金流动情况，以避免资金短缺并按照需要提供及时的资金。此外，所有公司部门都应该意识到资金管理的重要性。

流程

资金管理主要涉及以下两项活动：

- **中期和长期资金管理：**
  制定中期和长期财务计划（3－5年的范围内），业绩监测
- **年度资金管理：**
  制定年度（单一年份）财务计划，业绩监测

1. 中期和长期资金管理

(1) 制定中期和长期财务计划

中期财务计划是根据中期经营计划制定的。在中期经营计划下，根据销售计划，生产计划，资本支出预算（资本投资计划）和人力计划来估算3至5年的资金需求。公司必须能够了解资产负债表的右方，或股东权益和负债。它还必须尽量降低整体融资成本，并从确保稳定资金的角度审查财务战略。

中期财务计划应该注重为设备和资本投资提供资金。公司通常用现金流量表作为中期财务计划的重要文件。

【准备中期财务计划流程】

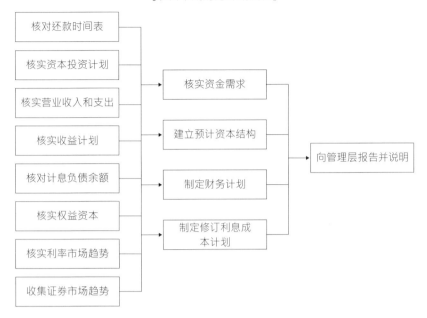

2. 年度资金管理

(1) 制定年度财务计划

与中期计划相同，整个公司的年度预算是制定年度财务计划的基础。对于短期规划，公司应该密切监察资金流入与流出，以避免资金短缺。公司可以编制现金预算，分项详细列明期初现金余额以及在会计期间的预期现金收入和支出／支付的预算。现金流量表，现金收支表，资金来源和运用表以及包含年度预算或现金预算的资金流量表。

【编制年度预算流程】

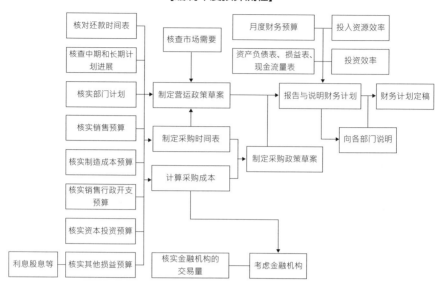

(2) 业绩监测

每月为现金流量计划和年度预算实际的收入和支出／支付进行比较与分析，然后向管理层汇报结果。财务计划应在有必要时进行修订。现金流量表，现金收支表，资金来源和运用表以及资金流量表是用作监督业绩的工具。现金收支表是计算货币头寸的一个特别重要的工具。

👉 **实践小贴士！**

· 损益账户与收款和支付账户不相符，总是存有差异（基于非现金交易例如折旧和财政时期的交易与收款或支付的时间差异）。

· 在编制现金收支表时，采用保守的方式估计收入。不应当依赖于过于乐观的销售计划中的数字面值。

参考题目

第十四章

第一题

现金管理不善可能会导致公司进入黑字破产——公司处于盈利状态可是因为在需要资金时面临资金短缺而导致破产。因此，公司应该制定中期和长期财务计划以预计资金短缺并为持续经营业务活动筹集资金。以下哪项在中期财务编制过程是重要的？

（可选择多过一项）

√表示正确：

( )　核对还款表

( )　核对资本投资计划

( )　核对营业收入和支出

( )　核对收益计划

( )　核对计息负债余额

( )　核对权益资本

( )　现金支出包括折旧

( )　为预计损失提供储备，例如工厂失火

( )　核对利率市场趋势

( )　收集股票市场趋势

( )　核对资金需求

( )　建立预计资本结构

( )　制定财务计划

( )　制定利息支出计划

( )　向管理层报告并说明

第二题

以下哪项在业绩监测过程是重要的？（可选择多过一项）

√表示正确：

( )　每天为现金流量计划和年度预算实际的收入和支出与支付进行比较和分析。

( )　现金流量计划和年度预算的差异通常逐日向管理层报告。

( )　监督业绩的工具通常是现金流量预测，现金收支表，资金来源和运用表以及资金流量表。

（　）　损益表是一个用于计算现金的特别重要的工具，因为管理层可以对所有的收入与支出一目了然。

Notes

AGS Consulting Co., *Ltd.*, *Practical Manual for Corporate Accounting and Finance* (Tokyo : Chuokeizai-sha Holdings, Inc., 2010)

Akira Kaneko, *Advanced Course in Accounting and Finance* (Tokyo : Nikkei Publishing Inc., 2008)

Akira Kaneko, NTT BUSINESS ASSOCIE Corporation, *Basic Textbook for Corporate Accounting and Finance 3rd edition* (Tokyo : Zeimu Kenkyukai, 2009)

Akira Kaneko, NTT BUSINESS ASSOCIE Corporation, *Basic Textbook for Corporate Accounting and Finance II Step Up edition* (Tokyo : Zeimu Kenkyukai, 2009)

Akira Kaneko, CFO *Professional I - VI* (Tokyo : JACFO and Kinzai Institute for Financial Affairs, inc., 2008)

Akira Kaneko, Susumu Nakazawa, Tadashi Ishida, *Comprehensive Income Management* (Tokyo : Nikkei Business Publications Inc., 2010)

Akira Kaneko, *Globally Accepted, Extremely Easy Japanese-Style Financial Accounting* (Tokyo : Zeimu Keiri Kyokai Co., Ltd., 2011)

Akira Kaneko, *Globally Accepted, Extremely Easy Japanese-Style Management Accounting* (Tokyo : Zeimu Keiri Kyokai Co., Ltd., 2011)

Akira Kaneko, *Business Seminar : Introduction to Corporate Accounting and Finance* (Tokyo : Nikkei Publishing, inc., 2011)

BDO Tokyo & Co., *Practical Handbook for Internal Management 4th edition* (Tokyo : Chuokeizai-sha Holdings, Inc., 2009)

CS Accounting CO., LTD., *Basic Textbook for Corporate Accounting and Finance* (Tokyo: Zeimu Keiri Kyokai Co., Ltd., 2010)

CS Accounting CO., LTD., *FASS Examination Textbook and Workbook 2nd edition* (Tokyo: JMA Management Center Inc., 2010)

Deloitte Touche Tohmatsu LLC, *Accounting Process Handbook 5th edition* (Tokyo : Chuokeizai-sha Holdings, Inc., 2009)

Gyosei & CO., *Practical Dictionary of Corporate Accounting* (Tokyo : Nippon Jitsugyo Publishing Co., Ltd., 2009)

JACFO, *Official Guidebook for FASS Examination 2011 edition* (Tokyo : JACFO, 2011)

Yusei Audit & Co., *Manual for Developing Accounting Rule* (Tokyo : Zeimu Kenkyukai, 2010)

Kazuaki Shimazu, Yosuke Higuchi, Kenichi Mieno, *Introduction to Accounting : Accounting Tasks and Preparation* (Tokyo : Subarusya Corporation, 2011)

Koichi Kakutani, *Cost Accounting Glossary* (Tokyo : Dobunkan Shuppan, Co., Ltd, 1997)

Masaaki Watanabe, *Compendium of Corporate Accounting and Finance* (Tokyo : Nippon Jitsugyo Publishing Co., Ltd, 1998)

Seno Tezuka, *Audit Know-how for Finding the Risk of Material Misstatement 3rd edition* (Tokyo : Chuokeizai-sha Holdings, Inc., 2010)

Yutaka Suzuki, *Understand Accounting Operation with Flowchart* (Tokyo : Chuokeizai-sha Holdings, Inc., 1996)

Ministry of Economy, Trade and Industry, 2003 "Finance and Accounting Service Skill Standard" [Online]
Available at :
http://www.meti.go.jp/policy/servicepolicy/contents/management_support/files/keiri-zaimu.html

参考及引用

AGS咨询株式会社,『企业财务与会计管理者的实务手册』(中央经济社出版, 日本东京, 2010)

金児　昭主编, NTT商业助理公司著,『企业财务与会计的教科书』(税务研究会出版, 第三版, 日本东京, 2009)

金児　昭主编, NTT商业助理公司著,『企业财务与会计的教科书Ⅱ加强版』(税务研究会出版, 第三版, 日本东京, 2009)

金児　昭, 石田　正, 中泽　进合著,『综合收益表时代的经营』(日经BP社出版, 日本东京, 2010)

金児　昭,『CFO Professional』Ⅰ—Ⅳ, (日本CFO协会和日本近畿财务局共同出版, 日本东京, 2010)

金児　昭,『超级简单又实用的日本式财务会计』, (税务会计协会, 日本东京, 2011)

金児　昭,『超级简单又实用的日本式管理会计』, (税务会计协会, 日本东京, 2011)

金児　昭,『企业会计与财务入门』(日经出版社, 日本东京, 2011)

BDO三优审计法人东京事务所,『内部管理的实务手册』(中央经济社, 日本东京, 2009)

CS会计株式会社,『企业财务与会计的基本教科书』(税务会计协会, 日本东京, 2010)

CS会计株式会社,『FASS考试的教科书与演习簿』第二版, (日本管理协会(JMA), 日本东京, 2010)

德勤审计法人日本事务所,『会计处理手册』第五版, (中央经济出版社, 日本东京, 2009)

仰星审计法人,『企业会计实务词典』, (日本实业出版社, 日本东京, 2009)

日本CFO协会（JACFO），『FASS考试的官方指南』2011年版，（日本CFO协会（JACFO），日本东京，2011)

优成审计法人，『制定会计规则的手册』，（税务研究会，日本东京，2010)

樋口陽介，嶋津和明，三重野 研一 合著，『会计处理的基础与准备』2011年版，（昂舍，日本东京，2011)

角谷光一，『成本会计词汇表』，（同文馆出版，日本东京，1997)

渡边昌昭，『完整的会计和财务实践手册』，（日本实业出版社，日本东京，1998)

手塚仙夫，『发现会计欺诈或错误的审计诀窍』第三版，（中央经济出版社，日本东京，2010)

铃木 丰，『用流程图了解会计操作』第三版，（中央经济出版社，日本东京，1996)

日本经济产业省，『财务和会计服务技能标准』，（日本经济产业省，2003，Online，http:www.meti.go.jp/policy/servicepolicy/contents/management-support/files/keiri-zaimu.html)

关于作者

金儿　昭（1936－2013），经济审稿者，财务审稿者以及管理审稿者，曾担任信越化学工业珠式会社的首席财政官和日本首席财务官协会的高级顾问。

主要着作，销量超过130册书籍，包括*Mr Chihiro Kanagawa : The Management of The World's Best Business Leader*（英文版，第二版／财务会计协会出版），*How Can-do Presidents Use Money*（英文版财务会计协会出版），企业会计与财务入门（日经出版），『超级简单又实用的日本式财务会计』（财务会计协会出版）。

石田　正，会计士协会，高级研究员（日本首席财务官协会）以及审计与监理委员会成员（卡乐B食品珠式会社）。从1972年起的25年间，他在亚瑟·扬事务所（现安永会计事务所）和　Asahi & Co.（现毕马威会计师事务所）担任合伙人，并参与以日本公认会计原则／美国公认会计准则执行的审计服务，以及金融咨询服务。在亚瑟·扬事务所的任职期间，他曾在新加坡和伦敦的公司工作总共长达十年。1996年以后，他担任了麦当劳（日本）控股公司的执行副总裁与首席财务官的领导职位（从1996年至2005年），世嘉飒美控股高级董事总经理与首席财务官（从2005年至2008年）以及卡乐比食品珠式会社审计与监理委员会（从2011年至今）。

他担任了『综合收益表时代的经营』的合著（*日经BP社出版*），『CEO／CFO指南：国际会计准则和财务报表』（由中央经济社出版）以及『财务与会计的实务手册』）的合著和编辑。他也经常在包括由日经BP社举办的国际财务报表准则论坛等会议和研讨会上进行演讲。

青山　隆治，LLM，CPTA，CIA，财务与税务顾问。他在受聘于日本生命保险相互会社，普华永道（日本）之后，以荟才公司（日本）的专业顾问身份对主要为外国联营企业的许多财务与税务项目一直提供支持。他在财务与税务方面已出版了四本书。他作为在*东京注册会计师协会联合会下设的税务会计学院*的会员，编写了数篇论文。

关于作者

馬場 一徳, LLM, CPIA, 东京税务会计事务所代表。

他在受聘日本住友商事株式会社，都市再生机构，*Shinso Tax Accountant Corp* 等公司之后，在2007年成立了自己的税务会计事务所。他也有作为日本东京商工会议所和东京都税务会计师协会涩谷分局工商东京分馆和纳税人支援中心的税务顾问的经验。他在财务与税务方面已出版了六本著作。

奥田 伸祐, CPA, CPIA东京会计事务所代表。他在22岁时通过了日本公认会计师考试。在伦敦深造之后，他受聘于四大审计公司，负责审核上市公司。之后转职至一间规模较小但顶尖的审计公司。他从2008起一直经营自己的会计事务所。
他曾在早稻田大学担任讲师，在财务与税务方面已出版了三本著作。

野田美和子, CPTA, 东京会计事务所代表。她曾受聘于日本住友海上火灾保险公司（现日本三井住友保险公司），*Shinso Tax Accountant Corp* 等。

她一直主要为初创公司提供会计与报税表支援。她曾在神田外语大学担任讲师，在财务与税务方面已出版了两本著作，并指导了一本著作的编写。

译者简介：陈德强（Tan Teck Keong Patrick）

https://www.linkedin.com/in/patrick-tan-teck-keong-mba-fca-chfc-mbti%C2%AE-acta-dtm-86303a2b/

陈德强毕业于新加坡国立大学，拥有会计学士学位和工商管理硕士学位。他是新加坡特许会计师协会认证的特许会计师和特许财务顾问。此外，其他证书包括性格类型辩识，斯特朗职业兴趣量表，高级培训与评估，杰出讲师和职业发展促进高级证书。

在职场上他拥有30年的工作经验，曾被任命为首席财务官（CFO），集团首席投资官，投资总监，企业融资主管，管理会计主管和财务主管。他的实践经验包括财务，融资，投资，首次公开招股，并购，财务会计，管理报告金融市场战略财务，财务运营，合规，税务，保险和风险管理。他的职业生涯遍及海内外金融市场，咨询，教育，资讯与通讯，休闲业，房地产，港口，交通，公用事业领域。

目前，他是新加坡新跃社科大学的专员和高级讲师，新加坡特许会计师协会，CS卢卡斯，老挝国立大学以及在深圳的培训师。他教授的课程包括财务会计，管理会计和财务报告以及举办会计，财务和投资研讨会并且为新跃社科大学企业家计划评分。

在新跃大学，他是培训机构认证的负责人和导师。他是特许会计师课程考试评分团队的一员以及成为新加坡特许会计师协会的会计期刊编辑和信息技术服务咨询委员。

译者简介：卓慧贤（Toh Hui Sian）

卓慧贤在新跃社科大学主修会计学学士学位。她是持有新跃社科大学教育理念（智，心以及习惯）的典范。她通过提供积极，实际与可行的方案给有需要的人（比如，边缘青少年，弱势群体，陷入困境和有特殊需要的人）来思考，感受与帮助其他的人。

具有感召力和拥护传统价值观的她触动了人心与生命。她无私的传授生活技能，例如，为街头营生者，多项任务处理和全球适应性以强化别人。

她也持有新加坡共和理工休闲与水疗管理文凭（毕业的同袍中首10%）。在这般年纪，她已拥有酒店管理的敏锐性与商业技能包括有市场推广，会计，人力资源管理以及统计。

从在普华永道卓越的表现和学术方面可以证明慧贤是一名一贯保持最佳表现的成绩优良者。她亲切友善的个性并展示了精神耐力，善良，适应力和谦卑。

她充分展现了全面的领导能力，服务人群，社会责任感以及社会融合。

索　引

著者との契約により検印省略

令和2年2月20日　初　版　発　行　　会计师以及首席财务官的综合手册

監 修 者　　金　　児　　　　昭
編 集 者　　石　　田　　　　正
著　　者　　青　山　隆　治
　　　　　　馬　場　一　徳
　　　　　　奥　秋　慎　祐
　　　　　　野　田　美和子
発 行 者　　大　坪　克　行
印 刷 所　　税 経 印 刷 株 式 会 社
製 本 所　　株 式 会 社 三 森 製 本 所

発 行 所　〒161-0033 東京都新宿区　　株式 税務経理協会
　　　　　下落合2丁目5番13号　　会社
　　　　　振　替 00190-2-187408　　電話 (03)3953-3301（編集部）
　　　　　F A X　(03)3565-3391　　　　 (03)3953-3325（営業部）
　　　　　　　URL　http://www.zeikei.co.jp/
　　　　　乱丁・落丁の場合は，お取替えいたします。

ISBN978-4-419-06658-1　C3034